Message from
Ralph Waldo Emerson

アメリカの
偉大なる
哲学者
エマソン
からの伝言

「自分を変える」ということ

齋藤直子　木村博美

幻冬舎

アメリカの偉大なる哲学者エマソンからの伝言

「自分を変える」ということ

齋藤直子
木村博美

あなたは今の自分に満足しているだろうか。

人間関係に悩んだり、将来のことを考えて不安になったりしていないだろうか。

できるなら人生を変えたい、自分は変わりたいと思ってはいないだろうか。

アメリカの偉大なる哲学者ラルフ・ウォルドー・エマソンは、２００年近くの時空を超えて、どんな環境であっても自分の考えを信じて正直に生きることが、自分にとって最高の人生になることを教えてくれます。

本書は、エマソンを師と仰ぐ大学教員との対話によって、自信をとりもどし、人生の再スタートを切る女性の物語です。エマソンからのメッセージは意表をつくものばかりですが、そのひとつひとつは、あなたの人生へのエールにほかなりません。それらをどう受け止め、考え、活かすかは、あなた次第です。

物語を読み終えたとき、あなたの心もこの女性のように希望に満ち満ちていることを願っています。

「自分を変える」ということ／目次

第1回　あなたを幸せにできるのは、あなたしかいない

第2回　自分の直観を信じなさい

第3回 「考えること」をやめてはいけない

第4回　本物の友情が自分を高めてくれる

第5回　自分を捨てる覚悟

人生はいつでも変えられる

第1回

あなたを幸せにできるのは、あなたしかいない

えーっ、どうしてこうなるわけ？　約束の時間が迫っているというのに、飛び乗った電車は信号機故障とかで遅れに遅れ、連絡をとろうにも携帯電話の電源は切れていた。どうにか駅にたどり着けたと思ったら、ぽつりぽつりと大粒の雨が降りだし、ほどなくバケツをひっくり返したような土砂降りになった。傘はない。だらだら坂を上って大学のキャンパスに着くころには髪は濡れそぼち、靴のなかまで冷たい雨がしみこんでいた。

未來《みらい》が、この大学の公開講座を受けたのはひと月ほど前。講師をつとめた先生にどうしても聞きたいことがあって面会を頼んでみたら、こころよく時間を割いてくれたのだ。それなのに遅刻した上に、このぶざまな姿。未來はおずおずと教えられた研究室のドアをノックした。

不遇こそチャンス！

先生　まあ、びしょ濡れじゃないですか。

未來　すみません！　遅れてしまいました。

先生　大丈夫ですよ、わたしも今、急ぎの仕事を終えたばかりですから。とにかく、このタオルで髪を拭いてください。

未來　ありがとうございます。今朝は雲ひとつない青空だったので、こんなにひどい雨に降られるとは思いもしませんでした。このところずっとツイてなくて、今日も早めに家を出たのに電車は遅れるし、傘もなくて、このあり様です。

どうにか突破口を見つけたいと思って、先日、先生の講座を受けさせていただきました。先生にお目にかかれて、厚かましいお願いにもかかわらず、こうして時間をとってくださったのが唯一の救いです。

先生　いえいえ。こちらこそ、公開講座では一番前の席でとても熱心に聞いてくださっていたので、話しやすくて助かりました。何か、そのときの話で聞き足りないことがあるとおっしゃっていましたね。

未來　はい。では、さっそくですが――、先生は「不遇こそチャンスです」とおっしゃっていました。でも、わたしにはどうしてもそうは思えないのです。

不遇というのは、めぐりあわせが悪くて才能にふさわしい境遇を得られていないことですよね。わたしは、才能があるとはいいませんが、いろいろ努力してそれなりに評価される仕事をしてきました。10年以上も。それなのに、とつぜん環境が変わって、だれにも認めてもらえなくなってしまいました。

こんなに運が悪くて、こんなに情けない不遇な状態の、どこにチャンスがあるのか。ぜひ、教えていただきたいのです。

先生　よかったら、どんなご事情なのか話してくださいますか。

未來　実は、わたしは長年、商社で貿易の仕事を続けてきたのですが、新しい上司とウマが合わなかったせいか、いきなり総務部に異動になって、これまで蓄積してきた知識やスキルを役立たせることができなくなってしまったのです。

その上、慣れない仕事で失敗が続き、後輩にまで迷惑をかけてしまって身の置きどころがありません。

先生　慣れないうちは、どんな人でも失敗することはあると思います。

未來　でも、異動してからもう半年です。今の職場には向いていないのかもしれません。いっそのこと転職しようかと思って、友人に相談したら、もう30代も半ばを過ぎたのだから無理をしないほうがいいとか、結婚しないから仕事に生きがいなんて求めてしまうのよ、とかいわれて。

中学時代からの友だちで、わたしの生き方は理解してくれていると思っていたし、どんなことがあっても彼女だけはわたしの味方だと信じていたのに、励ましてくれるどころか、みじめな気持ちに追い打ちをかけるだけ。いったい、どうしたらいいのか全然見えてこなくて、お先真っ暗な感じなんです。

先生　やるせない気持ちはわかります。でも、そんなに落ちこむことはないと思いますよ。ご自身にとっては嘆《なげ》かわしい状況かもしれませんが、そういうときにこそ自分を成長させられるし、そこを転機にして前に進むことができるかもしれない。もしかしたら大きく飛躍できる人生の転換点に立っている可能性があるのです。

未來　可能性がない、という場合もあるんじゃないですか。

先生　可能性があるかないかは、あなた自身がどう考えるかにかかっています。「不遇なときこそチャンス」という理由は、一言でいえば、**思考する機会に恵まれているとい**うことです。

未來　思考する機会に恵まれる？

先生　そうです。順風満帆なときは、自分と向き合うことはあまりないでしょう。でも、逆風が吹いているなかでは、自分はどう生きたいのか、自分にとって何が一番大事なのかなどを自分に問いかけざるをえなくなります。

苦境に立ったとき、だれかに相談するとしても、相手の話をどう受け止めて判断するかは自分次第です。結局、転換期に足場となるのは自分の考えしかありません。

自分と向き合い思考することをきっかけに、新しい自分を発見できるかもしれないし、新しい道が開けるかもしれない。だからチャンスなのです。

未來　わたしも考えました。人事異動を命じられた日から、一日だって考えない日はありませんでした。いえ、その前からも、ことあるごとに考えましたよ、「このままでいいのか？」って。

　今回ほど大きな壁にぶつかることはなかったけれど、30代になってから、ときどき漠然とした不安に襲われるようになりました。もう夢を見るような年齢でもないし、そこそこ人生を楽しんでいければいいかと思いながらも、友だちの人生と自分の人生をついくらべてしまって落ちこんだりして。わかっていますよ、他人とくらべるなんて意味のないことだ、と。でも……。

先生　でも？

未來　たとえば、さっき話した友人は、ブログで美容系の情報を発信していて、カリスマ主婦とか呼ばれてかなりのフォロワーがいます。それによる広告収入もけっこうあるようですが、彼女にいわせれば、いくら稼ぐかよりも何人フォロワーがいるかのほうが重要なのだそうです。

先生　どうしてですか。

未來　自分を支持する人が大勢いる、自分は目に見えない価値をたくさん与えられている、という満足感が自分を幸せにしてくれるのだといっていました。彼女にすすめられてわたしもやってはみたけれど、頑張っても頑張ってもフォロワーは増えないし、自分自身も人気取りに必死になることに疲れてしまい、結局やめました。

新しい職場でも、自分なりに努力してきたつもりですが、なかなか認めてもらえない。やる気もだんだん萎《な》えてきて、もう、どうしたらいいのかわからないのです。

他人の評価に依存すると、自分を見失う

先生　自分を認めてもらいたい――程度の差こそあれ、だれもが持っている「承認欲求」ですね。

他人に自分を認めてもらいたいというのは、社会で生きる人間にとっては当然の欲望

だと思いますが、承認を与えるのが他人だから、どうしても他人の評価基準で物事を見てしまいます。それが高じると、**自分を犠牲にしてまで他人の評価を得ようとする**。つまり媚《こび》を売ることになります。**それでは他人のために生きているようなもの**です。

未來　でも、他人に評価されたい、まわりの人に認められたいという欲求があるからこそ、人は頑張れるのではありませんか。別にほめられたいから努力するわけではないけれど、どんなに頑張ってもだれにも評価されないなんて、つらくて苦しいですよ。

先生　もちろん、人にほめられたり人の役に立っていると実感できたりするときの喜びは何ものにもかえがたいし、その喜びがまた励みになるのもわかります。

　でも、人の評価に依存するようになると、自分を見失ってしまいます。他人からの承認によって自分の存在意義を確認しようとしているわけですから、他人からの承認が得られなくなれば自分の存在意義を確認できなくなる。「わたしって何の価値もない人間なんだ」と思いこみかねません。

未來　何の価値もない人間なんていない、とわたしは信じています。だからこそ、認められたいとも思うし、わたしはこのままでいいのだろうか、と悩むわけです。

先生　これは心理学でいわれていることですが、人間には他人に認めてもらいたいという承認欲求がある一方、自分で自分を認めたいという承認欲求があります。後者は、自尊心ともいえるものへの欲求で、今の自分で満足かどうかを自分の価値観で判断します。まさに今おっしゃった「わたしはこのままでいいのか？」という自分への問いに対して、自分自身のモノサシで答えを出すわけです。

他人からの承認をどれだけ得られたとしても、自分が「わたしはこれでいいのだ」と承認できなければ、満足することはむずかしい。結局、**幸福というものは、自分の心が満たされさえすれば、それでいい**のです。

未來　他人の評価は気にしなくていいと？

先生　ええ。幸せになるのに、他人の評価はいっさい必要ありません。わたしの敬愛する哲学者ラルフ・ウォルドー・エマソンは、「**拠《よ》りどころとすべきは自分自身であり、生きていく上で何より大事なのは自己信頼である**」と明言しています。

アメリカに個人主義と「アメリカンドリーム」をもたらした哲学者

先生は、アメリカ哲学の研究者だった。エマソンは19世紀に活躍したアメリカの偉大なる哲学者であり、詩人である。プラトンやカントなどの西洋哲学と東洋の哲学をとり入れながら独自の思想を育み、自分の信じるところを執筆や講演活動を通じて精力的に発信し続けた。

日本ではあまり知られていないが、近代アメリカの成功者でエマソンの影響を受けなかった人はいないといわれるほど、その思想は自己啓発と成功哲学の源流となり、アメリカに個人主義とアメリカンドリームをもたらした。

フリードリヒ・ニーチェをはじめ、ヘンリー・デイヴィッド・ソロー、ウィリアム・ジェームズ、日本では福沢諭吉や北村透谷《とうこく》、宮沢賢治、内村鑑三《かんぞう》などに大きな影響を与えている。
エマソンのもっとも有名な論文「自己信頼」は、近年ではオバマ前アメリカ大統領の座右の書として紹介されたが、エマソンが78歳で亡くなるまで生涯をかけて訴え続けた思想の基盤は、まさにこの「自己信頼」だった。

未來　自己信頼？　聞きなれない言葉ですが、自分を信じるということですか。

先生　エマソンのいう自己信頼には多くの意味がふくまれているのでそう簡単にはいえませんが、あえてわかりやすくいえば、**自分の考えを信じて自分に正直に生きなさい、**ということです。

未來　自分に正直に、とはよくいわれますが、それって自分の好きなように、自分勝手に生きなさいということにならないですか？

先生　エマソンは、自分の欲求や自分の好みといったものを強く持ち続けなさい、ともいっています。だから、ある種、自分勝手でいいのだよ、という思想です。

未來　えーっ！　そんな怖いことできません。社会で自分勝手にふるまっていたら、必ず疎《うと》まれます。会社員なら、最悪の場合はクビになるかもしれませんよ。

先生　多かれ少なかれ、リスクはあります。しかし、ほんとうに幸せになりたいのなら覚悟が必要です。エマソンは「**何かを失えば、それに対して必ず何かほかのものを得ている。何かを得れば、必ず何かを失う**」と断言しています。

未來　……それはわかる気がしますけど。百歩譲ってわたしがリスクを冒《おか》す勇気を持ち合わせていたとして、いきなり自分の好き勝手に生きろ、といわれても困ります。自分は何をしたいのか、いったい自分は何が好きなのか、それすらわからない人だって世の中にはたくさんいるでしょう。そういう人は、どうすればいいのですか？

先生　本来、人はだれでも自分の好みというものを持っているはずです。好きなことが何ひとつないとか、やりたいことが何もないとかいう人はひとりもいない、とわたしは思います。

　では、なぜ自分の好きなものがわからないのか。それは家庭でも学校でも「**自分は何をしたいのか」を考える機会がほとんどない**からです。社会に出ると、自分が何をしたいかではなく、これは流行《はや》りだからとか、仕事に役立つといわれているからとか、社会のモノサシに合わせて自分の言動を選ぶ。現代はとりわけ情報があふれかえっていますから、それに振り回されて、自分の心と真摯《しんし》に向き合うことが忘れ去られているのです。その一方で、知らず知らずのうちに親や社会の価値観に染まっていく。

未來　染まっていく？

先生　そう。子どものころを思いだしてみてください。だれでも夢中になったことのひとつやふたつはあるでしょう。野球が好きでプロ野球選手を夢見て日暮れまでボールを追いかけていたとか、漫画を読みだしたら止まらなくて宿題もせず母親に叱られたとか。

未來　わたしは絵を描くのが好きでした。勉強部屋にキャンバスを持ちこんで静物や風景を描いてました。物心つくころから絵描きさんになりたいといっていたそうですけど、父親が画家では食べていけないだろうというし、わたし自身も飛び抜けた才能はないと思っていたので美大に進むこともありませんでした。

でも、それは仕方がないことだとあきらめもついています。だって、好きなことをして生きていける人なんて、ほんの一握りしかいないでしょう？

自分に何ができるかは、やってみるまでわからない

先生　そうでしょうか。エマソンは、こういいます。「わが身に宿る力は自然界における新たな力であって、**自分に何ができるかは、自分以外の者にはわからない。いや、自分でもやってみるまではわからないものだ**」と。だれにでも自分の好きなことをして生きる資格はある、とわたしは思います。

美大に進学しなかったのは自分の判断だとおっしゃるけれど、お父さまの意見や社会の常識に影響されませんでしたか？

未來　……そういわれれば、多少は左右されたかもしれません。身近に絵描きはいませんでしたし、わたしは早く自活して自由になりたかったので、画家では生活していけないという父の言葉は心にズシリと響きました。でも、それであきらめられたというのは、画家になりたいというわたしの思いがそこまで真剣じゃなかったからでしょう。

先生　そうでしょうか。子どもは自分の感情を疑ったり、ほんとうはそうしたくないのに損得勘定で動いたりしません。偏見を持たず、親や世間に何といわれようと自分自身の考えで判断していく。エマソンは、大人になるにつれて人はそういう姿勢を忘れてしまう、と憂慮《ゆうりょ》するのです。

未來　そんな！　子どものように無邪気にふるまうなんて、人間として成長していないのと同じじゃありませんか。だれもかれもがそんなことをしたら世の中はめちゃくちゃになってしまいます。

社会性を身につけ、ルールを守り、わがままをつつしんで他人とできるだけ調和しながら生きていく。それが大人というものでしょう？

先生　それは、世間の常識や他人の価値観に従うということではありませんか？　エマソンが一番憂《うれ》いているのは、そもそも人がひとりであったなら、そんなふうにはならないのに、組織をつくったり大きな集団になったときに、**どうして人はこんなにも個性を失って、世間の考えに押し流されてしまうのだろうか、**ということでした。

他者の価値観に支配されていないか

先生　エマソンは他人の意見や価値観に従うことを「追従《ついじゅう》」と呼びました。自己信頼、つまり自分の考えを信じて自分に正直に生きていくこと――ができなくなっている状態の人が世の中に満ちあふれているのは、追従することを自分たちが積極的に認めているからだ、と。だれに強制されたわけでもなく、世の中の意見や世間の声に自ら従っているために、たとえば、ただ安全だといわれる道を選んで就職して、見かけ上、不自由のない生活を楽しんでいる。

未來　たしかに、わたしは絵描きになりたいという夢をいとも簡単に捨て、早く自活したいがために大学で貿易の勉強をして、そこそこ名のある商社に就職しました。その後、別の商社に移ったこともあって、順風満帆というわけではなかったけれど、それでも仕事はそれなりに充実していましたし、余暇には美術館をめぐったり、たまには旅行したりして、まずまずの生活を楽しんできました。エマソンの考えでは、それはよくないことだというのですか？

先生　そうではありません。ただ、それがあなたのほんとうに望む生き様《ざま》なのですか、とエマソンは問いかけているのです。

先日、ある青年が留学体験をもとにこんなことを話していました。日本では「親しき仲にも礼儀あり」ということわざがあるように、人間関係にも節度を保つのが美徳だと考える。でも国によっては初対面からズケズケいいたいことをいうのが当然とされるので、そういう人たちのなかで暮らすのは非常に居心地が悪い。「日本人はやはり、日本の文化に根ざした生活をしていないと不安ですね」と。

親から教えられた価値観なのか、学校で学んだ知識なのかわかりませんが、それを信じて疑わない。

未來　信じてはいけないのですか。

先生　信じて疑わないから、それ以外にあるかもしれない考えに気づかないのです。そもそもわたしたちには既成概念に依存してしまう傾向があるのですが、そうやって他人から与えられた考えや規範が正しいと信じ切って、それに依拠して生きている。会社員であれば、上司の意見なり会社の方針なり、これがいいんだよといわれたことをそのまま信じて、ひたすら身を粉《こ》にしている。そういう人も追従状態にあるといえます。

要するに、自分自身で考えていないし、自分で選びとっていないし、自分で判断していない。もし何か拠りどころとする判断基準があったとしても、それを疑って、全否定しないまでも、自分なりにつくり替えるという努力さえしていないのは、エマソンにいわせたら怠惰《たいだ》です。

未來　でも、そういう人がほとんどじゃないですか？

先生　そうかもしれません。厳密にいえば、ひとりの人をとっても、他者に追従している場合とそうでない場合の二面性を持っていることが少なくありません。たとえば会社では決められたことを一途にこなして、家に帰ると趣味を楽しんでいたり、逆に、職場では上司と意見をぶつけ合っていても、私生活はもっぱら家族に追従しているということもあるでしょう。

未來　うーん……。だから、その生活のどこがよくないのかが、わかりません。

先生　よいとか悪いとかという話ではなく、**多くの人は自分が他人の意見や価値判断に追従しているという自覚がない**。そこが問題なんですね。

未来　わたしは自分の人生を自分が選びとってきたと思っていたけれど、自分が考えて選択してきたわけではなかった、ということですか。

先生　そういう可能性がある、ということです。でも大切なのは、これからどうするか。**幸福な人生を手に入れる上で何より大事なのは自己信頼である**、とエマソンはいいます。追従から脱して、自分の考えを信じて正直に生きるには、まず自分が追従状態にいるということに気がつかなくてはなりません。

追従の一番重い症状に陥っているときは、**他者の価値観に支配されて、ほんとうに自分が欲しいものとか、自分は本来こういうことをすればワクワクするとか、そういう感情すらも忘れたり気づいていなかったりします**。もし気がついていて、これは何かおかしいな、自分らしくないな、と思っていながら、実際に行動に移すことができない場合も、エマソンにいわせたら追従状態です。

自分が一番大切に思っているものを忘れるな

未來　だけど会社で、一社員が自分の意志を貫き通すなんて、なかなかできることではないですよ。

先生　わたしも会社員の経験があるので、簡単でないことはよくわかります。自分勝手は許されない、という風潮はやはりありましたから。

たとえば会議などで、圧倒的多数の意見について異を唱えるのは容易ではない。周囲が愚にもつかないことをいっているなと思うことがあっても、わたしがここで発言してもしょうがないとあきらめる。組織のなかにいると、つねに組織の一員であることを期待されるので、そこからはずれることをしてはいけないと考えてしまったり、何か口にすると自分が叩かれるのではないかという恐怖心があったりするわけです。

それでも、たまに手をあげて、自分の考えを主張する人がいると、ハッとさせられる。

その人の言動に触発されて、自分が抑えこんでいた感情が現れてくるわけですね。

未來　触発されて、発言されたのですか？

先生　いいえ。

未來　エマソンは追従状態から脱出せよ、といってるわけですよね？

先生　さっきお話ししたように、自覚して追従しているという状態も決してよくはない。けれども、脱出するまでにはステップがあって、最初は追従に気づいてもいない段階、その次は気づいているのだけれども脱出を実行していない段階、そして最後が実行できる段階。漸次《ぜんじ》、変わっていくものなので、わたしは当時、ふたつ目の段階にあって、その場その場で自分を出したり出さなかったり、うまく使い分けをしていたわけです。

未來　ところかまわず自分の思うままに発言しなさい、というわけでもないのですね。

先生　実際的にはやはりＴＰＯをわきまえて、ムダな戦いはしないほうがいいとわたしは思います。

　エマソンは、どんな生活のなかにあっても、**自分が一番大切に思っているものを忘れないで、偽《いつわ》りの絆《きずな》を断ち切り、真実の自分であろうとする勇気を持ちなさい**、といっています。**つまり自分の個性を活かせない組織との絆は断ち切り、「自分自身の畑」を耕しなさい、**と。

もちろん会社という組織そのものを断ち切るという方法もありますが、会社員を続けながら読書やセミナーなどを通じて自分の思考を豊かにするとか、趣味の道を極めるとか、追従状態を完全に脱するまでには、そういう手もあるということです。

未來　わたしの知り合いの女性は、会社に勤めながら週3日、音楽大学が社会人向けに開講している夜間コースに通っています。

中断していたピアノをやりなおしたいと50代で一念発起して、入学してからもう3年余りになります。今では仲間とコンサートを開くほど腕を上げ、いずれは音楽に関する本も書きたい、と夢を膨らませています。彼女のバイタリティには頭が下がりますが、本人は楽しくてやめられないのだそうです。

先生　その女性にとっては、音楽の世界が「自分の畑」であって、耕している最中なのでしょうね。

答えを出せるのは自分しかいない

未來　ところで、先生は結局、会社を辞められたわけですね。まさに、エマソンのいう自己信頼の道を着実に歩まれている。

先生　そんな立派なものじゃありません。決断するまでに何年もかかりました。そもそもは大学時代の終わりごろ、何をやっていいのか、何をやっていきたいのかわからない時期がありました。専攻がアメリカ哲学だったので、その論文を書いていたときに大学の図書館でエマソンと出会ったのです。

未來　エマソンの何に引かれたのですか？

先生　強い個人主義です。自分が今まで経験したことのなかったものに出会ったという衝撃がありました。論文「自己信頼」のなかに、こんな話があります。

ある紳士が教会の古い教義を持ちだして説教しようとするので、エマソンが、

「わたしは自分のなかから湧き上がってくるものだけに従って生きていきたい。伝統の神聖さなど、わたしには何の関わりもないことです」

といったら、その人はこう返した。

「そのような衝動は、上からではなく、下からきているものかもしれないではないか」

つまり、天からくるような好ましい衝動ばかりではなく、地獄から湧いてくるような悪い衝動もあるだろう、と。それにエマソンは毅然《きぜん》として答えます。

「そんなふうには思えません。でも、もし、わたしが悪魔の子なら、悪魔に従って生きていくまでです」

万一、自分の内側から湧き上がってくる考えが、悪魔の命令であったとしても、それに従うまでだ、と。キリスト教会が絶対的な権威を持っていた時代に、エマソンは神に背《そむ》いてでも、自分の信念を貫き通すと宣言したのです。

未來　ものすごい勇気と確固たる意志を持った人ですね。

先生　エマソンは、アメリカのニューイングランドで代々続く牧師の家系に生まれ、ハーバード大学の神学部大学院を出て牧師になったにもかかわらず、因習に囚《とら》われた教会制度を真っ向から批判して、29歳のときにエマソン家の伝統と教会を捨てます。それぐらい強い信念がなければできなかったことだと思いますし、「自己信頼」という思想の原点を見る気がしました。

とにかく、これだけ徹底して自分にこだわる人、自分をこんなに見つめる思想がアメリカには存在するのだ、と驚きました。その後、エマソンに励まされたこともあります。

未來　いつのことですか？

先生　会社員になって、この仕事を続けていてほんとうにいいのだろうか、と悩んでいたころです。勤めながらも、エマソンはずっと読んでいましたから。

29歳で会社を辞めたのですが、エマソンの「自分の考えを信じて自分に正直に生きなさい」という思想に背中を押されたといっても過言ではありません。それから30代の間はアメリカと日本を行ったりきたりで、どこにも属していない不安を抱えていた時期が非常に長かったのですが、そういうときにまたエマソンの思想が救いになりました。

つまり、どこにも属さないフリーの身というのは心許《こころもと》なくて、どこかに自分を支えてくれる母体や安住できる場所があるのではないかと思っていたのですが、それは幻想にすぎないのだということを徹底的に知った気がしました。エマソンの「拠りどころとするのは自分しかない」という言葉の真意が実感としてわかったのです。

未來　それで先生、失礼なことをうかがいますが、今、お幸せですか？

先生　ええ。自分が好きなことを研究できる職業につけたことはとても幸せですし、自分らしく生きることができていると思います。ですから、あのときの決断は間違っていなかった、といえます。

同調していると自分を偽ることになる

先生　これはエマソンの思想が日本になかなか根づかないということに関わっていると思うのですが……、エマソンは、人間は一人ひとり違っていて、それぞれの個性を発揮するべきだと訴えているのだけれど、日本の社会は、まわりと違うと、評価されるよりも足並みを乱していると思われることが多い。

時代もだんだんと自由になってきて、個性を発揮しようとしている人の数が前よりはずっと増えていると思いますが、とりわけ組織のなかで人と違ったことをするのがむずかしい。自由であろうとする人間を押さえつけているものが、相も変わらずある。

未來　日本の社会は、同調圧力が強いといわれています。まわりとは違う意見を持つ人に、世間や周囲の多くの人たちと同じように考えて行動するよう暗黙のうちに強制する。それが変だと感じていても、逆らうより従ったほうが得策だと思って、ほとんどの人が絶対多数の意見に合わせていく。

ハッキリと言葉にせず、状況を察し合うという忖度《そんたく》文化も根強いから、まわりに合わせないと空気が読めない人だと無能呼ばわりされかねない。変人あつかいされるのもいやだし、まわりを納得させられるほどの意見も持ち合わせていないから多数派に同調する人も少なくありません。と、偉そうにいっているわたしも、そのひとりですけれど。

先生　世の中や周囲に同調していると、細かい点で自分を偽ることになり、それだけではだんだんすまなくなって、**やがては自分を全面的に偽ることになってしまう**、とエマソンは警告しています。

未來　たしかに、人の意見に合わせるということは自分自身を偽ることになりますね。その点、先生がいらしたアメリカの社会は自分に正直に生きやすいというか、もっと自由なのでしょう？

先生　アメリカだから何でも自由奔放にできるというわけではありません。

　エマソンは「社会はいたるところで、一人ひとりが人間としての勇気を持つことを抑えようと共謀《きょうぼう》している。社会は株式会社のようなものだ。すべての株主に十分パンをいきわたらせるために、社員たちはこぞって、パンを食べる人それぞれの自由と教養を気にかけないことにするのだ。何よりも求められる美徳はみんなに合わせることで、自己信頼は嫌われる」と書いていますが、２００年近く経った今も自己信頼は市民権を得ていない。

　それぞれが個性を発揮したら、アメリカであれば評価されるのかというとそんなことはなくて、競争が激しいからライバル視されて蹴落《けお》とされることもあるわけです。実力主義なので、日本のように周囲が忖度や温情で守ってくれるようなこともない。だから、日本ほどではないにせよ、仕方なく世間に追従してしまう人や、知らず知らずのうちに世間に合わせてしまっている人も少なくありません。

人の期待に応えることが人生ではない

未來　どんな社会にいようと、自己信頼がなければ、心の自由や充足感を得られないということですか。

先生　そうです。自分の考えを信じて自分に正直に生きる、という強い信念が必要なのです。エマソンは「不満は自己信頼の欠乏であり、意志が弱いということだ」と断言しています。

不満というと、普通、他人や環境のせいにしますね。たとえば、会社が正しく評価してくれないからわたしはこんな立場に置かれているなどというけれど、実は会社に問題があるのではなくて、自分自身の意識の向け方が間違っていたり、自分の物事に対する判断力が落ちていたりするから、そういうふうに考えてしまうのです。

未來　わたしは今、自分の身に起こっていることは、前にいた部署の陰湿な上司のせいだと思っています。でも愚痴っても仕方がないし、そう思うと怒りがこみ上げてくるので、ぜーんぶ運のせいにしてる。ただ、めぐりあわせが悪くて認められないんだ、と。

先生　先ほどもいいましたが、その認められないと思うところが問題なんですね。

要は、外に基準を求めて、自分の評価が得られないから不遇だと決めつけているところで、エマソンの自己信頼とは対極をいってしまっている。

未來　つまり、わたしは自分を信じていないから不満を抱えている、と。……ま、そういわれればそうですけれど。今はすっかり自信を失っていますから決して満足な状態とはいえませんし、まわりにどう思われても自分の意見を押し通すという勇気もありませんから。

先生　少なくとも他人や環境のせいにはしません。自分はかけがえのない存在だと思い、

じゃ、自分を信じてさえいれば、不満はなくなるわけですか？

自分の好みや考えを信じて、それを自分なりの言動で表現できるようになれば、どんな環境にあっても他人の意見や評価にふりまわされることはなくなります。

もっとも充実した人生は、自分の心の満足を追求したときにこそ実現します。人の期待に応えることよりも、自分に正直に生きることを大事にするべきです。

世間の評価はコロコロ変わる

未來 自分の考えを信じ、自分の好みにこだわって、「私はこう思う」と表現し、それを行動に移す。度胸が要りますね、とくに周囲と対立する場合は。

先生 エマソンは、どんなに重圧があっても、まわりのことなど気にとめず、「自分である勇気を持とう」と励まします。

世間に従わなければ、路上や友人の家で出くわした人びとから白い目で見られるだろう。彼らの嫌悪の表情が、その人自身が感じている軽蔑と反抗心からきているのなら、まだ納得できる。しかし、世間の人びとがほめたりけなしたりするのに深い理由などない。それは風の吹くまま、新聞が書き立てるままにいくらでも変わるのだ、と。

未來　それはよくわかります。世間の声というものは、昔も今も、アメリカも日本も変わらないのですね。今はテレビだけでなくネットの影響も受けますから、もっといい加減ですけれど。

先生　さらにエマソンは、善と悪というものも今そう呼ばれているだけで、コロコロと簡単に変わってしまう、だから今よいことだとされていても、ほんとうにそれがよいことかどうか、自分でよくよく考えてみなければいけない、といいます。

そしてこの世にはびこる、物事をまるくおさめようとするだけの凡庸《ぼんよう》さ、あさましい満足感を侮辱し、非難の声を上げようではないか、とけしかける。前に子どもは損得勘定で動いたりしない、という話をしましたでしょう？

未來　覚えています。親や世間が何といおうと、自分自身で考えて判断していく、と。

先生　そうそう。そして、ごちそうにありつけるかどうかなど気にかけたこともない少年は、他人の機嫌をとるために何かをいったり、したりするのを軽蔑する。「こうした王侯貴族のような無頓着さは、人間にそなわった健全な態度だ」とエマソンはいい切るのです。

そして少年は気ままに、人びとや出来事を眺めて、よい、悪い、おもしろい、ばかげている、おしゃべりだ、わずらわしいなどと断じていく。そんなことをいえばどうなるかとか、損をしないかとか、結果や利害について思いわずらうこともなく、ただ純粋に自分なりの判断をくだしていく。機嫌をとらなくてはならないのは大人のほうであって、少年が大人の機嫌をとることはない、と。

しかし、「大人は自意識によって牢獄につながれたようなものだ。ひとたびその言動が賞賛を浴びることにでもなれば、たちまち囚われの身となり、何百人もの人びとの共感や敵意に監視されるようになり、以後は何をするにしても自分がどう思われるかを気にしなければならなくなる」と述べています。

他人には何も求めるな

未來　わかります。ちょっとほめられると、評価を下げたくなくて無理をしてしまう。できれば、もっと点数を上げたくて頑張るわけですよね。わたしのまわりには、ＳＮＳに囚われている人も大勢います。

あ、ちょっと混乱してきました……。彼らは自ら積極的に発信しているわけですから、自信があってしかるべきでしょう？　自分を信頼することができているのではないですか？

先生　いいえ、囚われの身になっているというのは、自分で自分のことを認められず、**外にアピールして自信を確保しようと努めている**わけです。繰り返しますが、真の自信に根ざした自己信頼は外向きではなく、自分の内面を真摯に徹底的に見つめることからはじめなければ得ることはできません。

以前お友だちが、自分を支持する人が大勢いることに幸せを感じているとおっしゃっていましたが、エマソンは「**自分を支持してくれる者が増えるにつれて人は弱くなる**」といいます。人には生まれながらにそなわった偉大な力があるのに、それに気づかず、自分の外側にある価値を求めるから弱くなっていくのだ、**他人には何も求めるな**、とエマソンはいうのです。

前にもふれたように、自分を幸せにするのは自分自身です。他人の承認はまったく必要ありません。

未來　他人の承認を得ようとするのも追従だということですね。

先生　そういえます。

未來　それに、さっきのお話のように世間の評価はコロコロ変わりますから、他人の評価に合わせているとキリがないし、疲れ果ててしまいますよね。

先生　**他人の価値観に合わせていくというのは、結局、自分自身に嘘をついて生きていくことになります。自分らしくあること、自分の本質に適《かな》った生き方が、自分にとってほんとうに幸せになれる方法です。**

自分は今、自分に正直であるといえるのか？　自分は、ほんとうにそれを望んでいるのか？　情報が錯綜し、環境が目まぐるしく変わるなかで、私たちはつねにそれを自分に問いなおし、考える必要があるのです。

人間は思考するからこそ人間になれる

先生　わたしたちは生きていても死んでいるときがあります。それは思考していないときです。

人間は思考するからこそ人間なのであって、何も考えず、情報を鵜呑《うの》みにして右から左へと流しているだけでは、人間は道具のひとつになり下がってしまいます。

未來　さっきからおっしゃっている追従状態というのは、いいかえれば、自分で考えることをやめてしまっている、つまり思考停止の状態ということですね。

先生　そのとおりです。思考停止の危機は、日常生活のいたるところに待ち受けています。際限のない情報やまわりの声に流されるだけでなく、宗教にただ癒やしを求めたり、セラピーを受けて「ほんとうのわたし」という安住の地を見いだしたりすることかもしれない。政治的な場面では、選挙のときに政治家がよく口にする「安全・安心」のスローガンを疑いなく受け容れることかもしれません。

未來　わたしはハナから政治家の話は信用していませんけれど。とにかく、何事も自分の頭で考えて判断することが重要だということですね。

先生　前にもお話ししたように、わたしたちの多くは自分自身と向き合うことをないがしろにしてきました。そして、いわゆる中流社会のぬるま湯のなかにあって、無感動や無関心状態、あるいは究極的なニヒリズムともいえるような不満さえ覚えない無気力状態にどっぷりと浸かり、自分がほんとうは何を欲しているのかわからず、それを見つけようと必死になることもない。

そうしたなかで人間が生来持つ力は弱められ、「自分たちが何をどうしたところで、社会は変わるはずがない」などとあきらめている人も少なくありません。

とりわけ日本人は個人主義を嫌う国民性なので、追従状態から目覚め続ける不断の努力が必要です。あきらめたら負け。思考を停止してはならないのです。

未來　あぁ、それで**壁にぶつかったときは自分と向き合って思考することになる**から、不遇こそチャンスというわけですね。

先生　思考停止は死んだも同じなのです。エマソンは生涯を通じて、**他人の価値観に依存せず、自分の好みを強く持ち、自分で考え続けることが、生きていく上で何よりも大切だ、**と訴え続けました。

エマソンの個人主義は少なからずアメリカに影響を及ぼしたけれど、まだ途上にあります。それほどに社会で追従せずに生きることは容易でない、ということでもあります。エマソンもそれは十分にわかっていました。

群衆のなかで「個人」であり続けよ

先生　「絶えずあなたを何者かに変えようとする世界のなかで、自分らしくあり続けること。それがもっともすばらしい偉業である」とエマソンは讃《たた》えます。

社会のなかで世間の意見に従って生きていくのは楽だし、ひとりでいるときに自分自身の考えに従って生きていくのもたやすい。しかし偉大な人というのは、群衆のただなかにありながら、ひとりでいるときと同じ独立心を保って、にこやかに人と接することができる人である、といいます。

つまり、まわりに人がたくさんいるなかで、自分が自分らしくあるということがいかにむずかしいかをエマソンは吐露《とろ》しているわけです。

未來　それでも、エマソンは「追従に流されることなく、自分らしくあり続けろ」と叱咤激励するのですね。

先生　そうです。**世界は自分がやりたいことができるはずの場所でありながら、やりたいことをブロックしたり、やりたいことをやれるエネルギーを吸いとるような力が社会には満ち満ちている**。だから、そういうものに対して気をつけなきゃいけないよ、負けちゃいけないよ、というのがエマソンの教えなのです。

未來　なんだか、元気が出てきました。実はわたし、哲学に興味はあるものの、哲学書を最後まで読み通したことがありません。エマソンという哲学者は今日初めて知りましたが、心を引かれるものがあります。もっとお話をうかがってもいいですか？

先生　もちろんです。でも今日はもう遅いから、日を改めましょう。

未來　あ、ごめんなさい。遅れてきたばかりか、こんな遅くまでお邪魔してしまって。ほんとうにすみません。ありがとうございました。

先生　こちらこそ、思いもよらない楽しい時間をありがとうございます。学生以外の人とこんなふうに対話するのはめったにないことなので、非常に触発されました。お時間があるときは、いつでもお声をかけてください。

第2回

自分の直観を信じなさい

未來が再び研究室を訪ねたのは、2週間後だった。

あの日、わかったつもりでいたことが、日が経つにつれて曖昧模糊《あいまいもこ》となり、頭のなかを同じ疑問がぐるぐるとめぐっていた。

エマソンは「追従に流されることなく、自分らしくあり続けなさい」という。だが、そもそも「自分らしさ」とは何なのか――。

雑誌などで「自分らしく生きる」という見だしのついた記事を目にしたことはあったけれど、突き詰めて考えたこともなければ、日ごろ意識したこともない。先生の言葉を思い返しても明らかな答えは見つからず、疑問は深まるばかりだった。

「自分らしさ」っていったい何？

未來　あれから、先生のお話をわたしなりに整理してみました。エマソンは、充実した人生を送るには自分に対する信頼が欠かせない、と説いた。何ごとも自分で考え、自分が正しいと思うことを信じて行動し、自分の本質に適った生き方をするべきである、と。つまり「他人の価値観に流されず、自分らしくあれ」といったわけですよね。この解釈で間違っていませんか？

先生　間違いありません。

未來　でも、わたしには「自分らしさ」というのが今ひとつよくわからないのです。自分らしさとは何か？　自分の本質とは何か？　考えれば考えるほど、わからなくなる。ひと昔前、自分探しの旅だとかいって、インドへ行ったり世界を放浪したりする青年が大勢いましたけど、旅先で見つけられるものだとも思えないし……。

先生　エマソンは、自分の生き様を見つめることが大事だといっているのであって、自分のなかの「ほんとうのわたし」を見つけなさいといっているわけではありません。

それに、自分の核となるような固定された「ほんとうのわたし」など存在しません。

未來　では、いったい「自分らしさ」って何なのですか？

先生　なかなかむずかしい質問ですね。エマソンは明確に定義していませんが、エマソンの影響を強く受けたニーチェはこんなふうに書いています。

自分がどういう者であるか理解したい人は、次のような問いを自分に向け、真摯に答えてみればいい。

これまで自分が真実に愛したものは何であったか？

自分の魂を高みに上げたものが何であったか？

何が自分の心を満たし喜ばせたか？

これまでにどういうものに自分は夢中になったか？

これらの問いに答えたとき、自分の本質が明らかになるだろう。それが、あなた自身だ。

未來　自分がほんとうに愛したもの？　自分の魂を高めたもの？　これまで何に夢中になり、何が自分を満足させ喜ばせたか？　すぐには答えられませんが、それらの答えを見つけたとして、日常生活にどう役立つのでしょう。

たとえば一生懸命に働いていて、自分もまわりの人も幸せだったら、仮にそれが自分らしくなくても、別にいいじゃないですか。普段、生活のなかで「これは自分らしいかな？」とか「自分の本質に合っているかな？」などと考えて行動しているわけではないし、周囲にも自分らしく生きることを目標にしている人などいません。だから、自分らしくあるということが、なぜそんなにいいことなのかがわからない。

先生　なるほど。もう、自分らしさというものさえ考えなくなった時代なのですね。自分らしくあることって、こんなにすばらしいことはない、とわたしは思いますけれど。

心の声はひとりでいるときにしか聞こえない

未來　では先生は、どうやって自分らしさを見つけられたのですか？

先生　会社に勤めていたときにふと、これは自分らしくあることからはずれているな、と感じたことがありました。つまり、自分の最良の部分を活かすことができていない気がして、働いていて幸せを感じられなかったし、自信を持てる状況ではなかった。いってみれば、事務的な仕事に向いていなかったのです。でも、事務ができなかったから自信喪失に陥ったわけではありません。自分の関心がないことに多くの時間を割いて自分が消耗していくことに、何ともいえない無力感を覚えていたのです。

その核にあったのは、やっぱり自分が今いちばん興味のあるエマソンの著作を読んだりアメリカ哲学の研究をしたりするのが、自分らしい道を開くことになるだろうという思いでした。それで会社を辞めて留学してみたら、果たして、いろいろと開けたことがあったわけです。

未來　自分らしい道というのは、結局、自分が好きなことをやるっていうことですか。

先生　自分のなかから、自分がやるべきことはこれだよ、と訴えかける声みたいなものが聞こえてくる。その声に耳を澄ませ、それを信じて素直に従うことが自分らしくあることだといえます。

未來　自分のなかから訴えかけてくる声？　わたしはそんな声を聞いた経験は一度もありません。先生にはほんとうに聞こえるのですか？

先生　ええ。エマソンは、こういっています。「心の声はだれでも聞くことができる。ただし、ひとりでいるときには聞こえてくるけれど、世間に出ていくとかすかになり、やがて聞こえなくなる」と。

未來　その、心の声が聞こえなくなる状態というのが、この前おっしゃっていた「追従状態」ですね？

先生　そうです。だから、世間の声にかき消されないように、つねに自分の内面を見つめていなくてはいけない。**エマソンは、心の声を「内なる光」と呼んで、わたしたちは**

自分の心の内側から輝き出る一筋の光を発見し、それを見守らなければいけないといいます。

未來　内なる光？

先生　本来の自分らしさに近づけてくれて、さらに自分を偉大なものに高めてくれるような、自分のなかから生じる光。チカチカと誘いかけてくる光で、それを自分の言葉にして表現しないと瞬《またた》く間に消えてしまいそうな、はかなさを背負った光です。

未來　……全然、イメージが湧きません。

先生　エマソンが光にたとえたのは、西洋哲学の流れでは光の隠喩《いんゆ》が人間の魂の精神的な完成と関わっていて、広い意味での啓蒙と関連しているからです。もっともよく知られているものに、プラトンの比喩があります。

プラトンの「洞窟の比喩」

未來　大学時代の一般教養でプラトンをかじったことがありますが、すっかり忘れてしまいました。どういうたとえ話ですか？

先生　プラトンの『国家』篇に出てくる「洞窟の比喩」です。

囚人たちは地下にある洞窟のなかに住んでいます。子どものときから首も手足も縛りつけられているため、ずっと洞窟の奥の壁しか見えず、振り返ることもできません。

背後には通路があり、そのさらに後ろで火が燃えています。通路をいろいろな種類の道具、木や石などでつくられた人間や動物の像が、高く持ち上げられながら運ばれていく。それらの物体が火に照らされて洞窟の壁に影となってゆらめいている。囚人たちは、壁に映ったその影をこの世の実体だと思っています。

あるとき、囚人のひとりが縄をほどかれます。命じられるままに立ち上がり振り向いた彼は、火や人形を初めて目にし、洞窟の外へと続く上り坂を歩かされて、太陽の下に引きだされます。

最初はあまりに太陽の光がまぶしく、何ひとつ明らかに見ることができなかったけれど、目が慣れるにつれてさまざまなものがはっきりと見えるようになり、やがて自分が現実の世界だと思っていたものは影絵だったのだと気づくのです。

もう地下の暮らしにはもどれない。光り輝く太陽を初めて見たときは苦痛を感じていたけれど、彼は身に起きた変化を幸せだと考えるようになり、地下の洞窟でうずくまっている囚人たちを哀れに思うのです。

未來 思いだしました、プラトンのなんとか論……そう、「イデア論」ですね。

先生 おっしゃるとおり、プラトン哲学の中心はイデア論です。イデアとは、物事の「本来あるべき理想像」のことです。

わたしたちはこの世に存在するものを見たりさわったり、考えたりしながら感覚でとらえていますが、それらはほんとうの姿ではなく、すべてイデアの影であるとプラトンは考えました。物事の真の姿、つまりイデアは別に存在しているのだ、と。

そして、イデアの世界には序列があって、その頂点にあるのが、太陽にたとえられている「善のイデア」なのです。

未來 その太陽の光を浴びることなく暗闇に慣れ切った洞窟の囚人たちは、壁にゆらめく影を本物だと思いこんでいるわけですね。

先生　そうです。具体的にいえば、物質や金銭、権力などが価値あるものだと思って追いかけ、ライバルたちの挙動に一喜一憂する。でも太陽の光を知った人間は現実の世界が影絵であると気づいて、真実の世界を認識するわけですね。

この比喩は、プラトンの理想とする教育を説明するためのものです。洞窟の入り口には太陽の光が差しこんでいるけれど、囚人たちは背を向けているために、その太陽の光を見ることはない。しかし、体の向きを変えれば、闇に包まれた魂もその光に向くことができる。

エマソンは、人間が「ほとんど光を失っている」暗闇の世界に再び新しい光を照らし、その「転向」の瞬間をもたらす教育が必要だと説いたのです。

人には生まれつき「本質を見抜く直観」がそなわっている

未來　あの、ちょっと待ってください。エマソンの光のたとえ話が堕落した人間、つまり追従に流されてしまっているわたしたちへの啓蒙に関わっていることは理解できました。でも、「内なる光」の正体がわたしにはさっぱりつかめません。

先生　少し回り道してしまったようですね。

エマソンは「いったいだれを、何を信頼するのか。だれもがどんなときにも信頼をよせられる本来あるべき自己とは何だろうか」と自問し、自分の内面を見つめ続けます。そして、たどり着いた答えが、自分の内側から聞こえてくる声、つまり「内なる光」に象徴される「直観《ちょっかん》」でした。

未來　チョッカン！　五感を超えた第六感とも、ひらめきともインスピレーションともいわれる、あの直感ですよね？

先生　それとは少し異なります。哲学的文脈で用いられる「直観」は、**思いつきや勘のようなものではなく、瞬間的に物事の本質を見抜く心の働きで、真理を把握することにつながる認識能力**のことです。

エマソンは、直観は生まれたときから人それぞれにそなわっている叡智《えいち》であり、その人自身の導き手であると気づきます。だから先にお話ししたように、わたしたちは直観、すなわち「自分の心の内側から輝き出る一筋の光」を発見し、それを見守ることを学ばなければいけない、といったわけです。

エマソン自身、何度となく直観を得たようですが、1833年7月13日の日記には、そのときの様子がはっきりと描かれています。牧師を辞めたあと、家や家財も売り払ってお金をかき集め、思い切って出かけたヨーロッパ旅行の途中のことです。

エマソンは、フランスのパリ植物園を訪れ、博物陳列館で色も形も異なる生物の姿に深い感銘を受けたあと、たまたまサソリを見つけて、とつぜん「こういう動物とも自分はつながっているのだ！」という直観を得ます。

未來　サソリを見て、どうしてそんなふうに思えたのでしょう？

先生　エマソンは、園内でさまざまな生物を目にして「あれほど奇怪な、あるいは野蛮な、または美しい形のものでも、人間に内在する属性の表現でないものはない」と書いています。

つまり人間のなかにも奇怪な、あるいは野蛮な、または美しい性質がある。あのサソリと人間のあいだにさえも、何か神秘的な関係があるのだと感じたわけですね。

未來　なるほど。

先生　この直観によって、人間は宇宙の万物とつながっている、ひいては宇宙をつかさどる絶対的な存在とつながっている、とエマソンは確信したのです。

論文「自己信頼」には、こう書かれています。

「心がおだやかなとき、なぜだかわからないが、魂のうちに自分がたしかに存在しているという実感が湧き上がってきて、自分は空間や光や時間や人間などあらゆるものと一体になっている感じがする。……この万物を存在させている根源こそ、行動と思考を生みだす泉であり、これこそが人に知恵を授ける霊感のもとである」

未來　霊感？　エマソンはスピリチュアルな人だったのですか？

先生　神秘主義の側面はあります。エマソンは、19世紀前半にアメリカのニューイングランドで興《おこ》った「超越主義運動」の中心的な思想家でした。当時、アメリカを支配していた物質主義に対して、そもそも人間はこの世を超越した一種の「神」的な存在とつながった偉大な存在なのだから、つまらないことに囚われず、自分のなかにある神性をつかもうじゃないか、という思想運動のリーダーだったのです。

だれにも神性が宿っている

未來　宇宙に遍在する神と交流して一体化しようと考えたわけですか？　自分の直観を信じるということは結局、神のメッセージを受けとって信じるということですか？

わたしの友だちにスピリチュアルにはまって、占いに凝ったり、時間を見つけてはパワースポットを訪ね歩いたりしている人がいますが、そんなことで幸せになれるなんて、わたしには信じがたいです。

先生　まあ、そう先を急がないで。エマソンは西洋哲学の流れを汲んだスピリチュアルな人であると同時に、アメリカ的文脈のなかで非常に実践的な人でもありました。

たしかに若いころは、神にすべてを任せるべきだと考えていた時期もありましたが、人生経験を重ねるうちに地に足のついた日常的な生活のなかに拠りどころを見いだしていきます。いわゆる宗教家のように山に籠《こ》もって修行だけすればいい、と主張したわけではありません。むしろ、**日常のさりげない出来事のなかに生きることの真髄《しんずい》を見つけよう**、と呼びかけたのです。

エマソンは「**だれにも神性は宿っている**」といいますが、この神は人格を持った神でもなければ、ある特定の宗派の神でもなく、**自分を自分らしくさせる指針を与えてくれるような崇高《すうこう》な何か。そして、さらに自分を一歩引き上げていく、という努力を絶えず自分に誘うもの**です。

未來　じゃあ、直観をただ信じればいいというものではないのですね。

先生　そうです。自己信頼とは、いってみれば、直観という自分の内に宿る力の源《みなもと》を信頼することですが、それが何を意味するかを自分自身に問いかけ探求し、自分の考えを深めなくては力を発揮できません。

徹底的に探求した結果、これは真実だと確信した考えなら口に出すことを恐れるな、とエマソンはいいます。なぜなら、自分にとっての真実を徹底して深めるなら、それはすべての人にとっても真実になるからだ、というのです。

未來　うーん、それは天才レベルの人の話じゃないですか？　お話をうかがいながら思いだしたのですが、アップル社の創設者であるスティーブ・ジョブズが、スタンフォード大学の卒業式のスピーチで、「何より大事なのは、自分の心と直観に従う勇気を持つことである」といって話題をさらったことがありました。でも、それは彼のようなズバ抜けた才能を持っている人が探求し続け、真実だと確信した考えだからこそ世間に通用したのでしょう。

先生　いいえ、だれにでもその可能性はあります。すべての人は普遍的な「神」とつながっているはずなのだから、だれでも自己を信頼すればするほど普遍的な存在となることができる。したがって、**自分にとっての真実は万人にとっても、やがては真実になる**

はずだ、とエマソンは主張するのです。これが、「自己信頼」の土台となる考え方です。
それなのに、わたしたちは自分の考えを、自分のものだから大したことはないと思ってあっさり捨ててしまう。
ところが、「すばらしい芸術作品を見ると、自分が捨ててしまった考えが表現されていることに気づいて驚かされることがある。そのとき受ける教訓ほど、心に響くものはない。**周囲のすべての人がこぞって反対するときにこそ、断固として、自分のなかに湧き上がってくる思いや考えに従うべきである**、と教えてくれるのだ。さもないと明日にでも、どこかのだれかが、自分がずっと考えてきたまさにそのことをわがもの顔にいってのけ、自分はみじめな思いで自分自身の考えを他人からいただくハメになるだろう」
とエマソンはいうのです。
未來　昔、尊敬する作家のエッセイのなかに自分と同じ考えを発見して驚いたことがありました。みじめになるどころか、すごくうれしかったものですが、いずれにしても、自分の直観を信じて素直に従う勇気を持たなくてはいけない、ということですね。
先生　しかも、神性はつかもうとするとすりぬけていってしまうような、それくらいいつかみがたいものだから、つねに目を凝らし見守っていなければならない。つまり絶えず内面を見つめて考え、そしてその考えを表明し続けなさい、ということです。

際限なく押し寄せる世間の雑音に惑わされず、このチラチラ誘いかけてくる光を見逃さないようにして、語りかけてくるものに真摯に向き合いながら生きていく。それが大切である、とエマソンは主張するのです。

自分らしさは変わっていく

未來　おっしゃることはよくわかりました。でも、どうして自分らしくあり続けることがいいのか、自己信頼の道を行くことがそれほどすばらしいのか、まだ納得できません。

先生　それは、今ある自分より一段レベルアップした自分になれるからです。自分の内に宿る神性は、自分を自分らしくさせてくれて、さらに自分を一歩引き上げていく努力を絶えず自分に誘うものだといいましたが、その神性を信じ、生涯を通じて自己信頼を実践したエマソンは「人生は驚きの連続だ」といっています。

自分がここまでだと思っていたものが、あるときそれをスッと超えて、今まで見えていなかった視界が開けることのすばらしさ。「これがわたし」と思っている自分が、「えっ！」という驚きとともに、自分でもまったく想像もしていなかった世界に開かれていくことのすばらしさを経験することができる。だから人生は驚きの連続である、と。

人生はフル・オブ・ワンダー、つまり不思議なことに満ち満ちている。だからこそワンダーフル、すばらしいというわけです。

未來　ああ、そういう意味なんですね。

先生　自分らしさとは何ですか？　という質問に答えづらいのは、自分らしさというものがここで終わりではなくて、超える可能性を持ち続けているからです。

でも、**その可能性は、自分が努力していかなかったら、決して開かれることはない。**

持って生まれた素質には必ず伸びしろがあって、いつでも広がっていく可能性があるのだから、その可能性を活かさないともったいないし、人生は驚きに満ちたすばらしいものにはならないですよ、とエマソンは呼びかける。

わたしたちには、自分の本性にそなわっていて、生き続ける限り自分から伸びていくに違いないもの以外に信頼できるよいものはありませんよ、と訴えかけているのです。

未來　ようやく腑《ふ》に落ちました！　わたしにとって、エマソンはものすごく複雑で難解です。でも、それだけに少しでもわかってくるとおもしろい。

先生　正直なところ、エマソンの著述は論理的ではないので、研究者の間でも正確に意味をつかむのがむずかしいといわれています。読み方によっては、神秘主義的なエマソン、あるいは実践的なエマソンのどちらかに傾くこともあって、今なお意見が分かれるところです。さて、ちょっと、このへんで一息入れましょうか。

研究室には、エマソンやソロー、ウィリアム・ジェームズ、ジョン・デューイなどの著書がデスクやサイドチェストの上に置かれ、本棚には古今東西の哲学はもちろん、文学や歴史の書籍がぎっしりと並べられていた。古本の匂いはなぜかいつも心を和ませてくれる。デスク側の窓からは蜂蜜《はちみつ》色の陽光が差しこんでいた。

しばらくして先生が運んできてくれた紅茶はほんのりと甘く、脳みその凝《こ》りがほどけていくような心地よさだった。しかし未來には、まだ聞きたいことが山ほどあった。

世間的な幸せを捨てないと、ほんとうの幸せはつかめない

未來　わたしの従姉妹《いとこ》に、自分の思いを貫いて力強く生きている、まさに自己信頼を地でいくような女性がいます。小さいころからあこがれだった看護師になり、家族に反対されながらも好きになった男性と結婚して、子どもを産んで、子育てをしながら仕事を

続けているスーパーウーマンです。

でも最近、夫に愛人ができて、別れ話を切りだされています。自分にとって、幸せな家庭を築くことが一番大切だと考えて必死で努力してきたのに、相手の裏切りによってそれが崩れてしまったら、「わたしの努力は何だったんだろう」と思いますよね。そういう場合は、エマソンならどうアドバイスするのですか？

先生　要するに、自分のせいではない理由で、自分の幸せや生活が崩壊したときですね。エマソン的には、その世界はもう捨て去って前に向かって歩きなさい、と助言するでしょう。**どんなに努力して手に入れたとしても、その過去は捨てなさい**、と。

未來　夫とは別れて、出なおしなさいということですか。

先生　ちょうど、わたしが雑誌に発表したばかりの論文「ステラ・ダラス」が、まさにその話です。これは、わたしの恩師でもある哲学者スタンリー・カベル先生が１９３７年に製作されたハリウッド映画の主人公の生き様について考察した評論を下敷きにしています。

映画のストーリーを紹介すると、田舎町に育ったステラは、わが家を越える広い世界を渇望する労働者階級の女性で、ビジネスを学び、詩を愛している。そんな彼女が上流階級のステファンと恋に落ちて、めでたく結婚します。娘が生まれても、「洗練された人間になりたい」というステラの活力は衰えることを知りません。

ところが、上流社会になかなかなじめず、夫のステファンとも口喧嘩が絶えなくなって夫婦の溝は深まっていく。ニューヨークに単身赴任したステファンは、やがて別の女性と生活をともにするようになります。

最初、ステラは娘と暮らしていたのですが、娘は高尚な世界に入れたほうが彼女の幸せになると思って、わざと嫌われるようなことをして娘と離別します。そして、ステファンの再婚相手である貴婦人に娘を託し、娘はステラの望みどおり気品のある美しい女性に育っていく……。

物語の最後、雨が降りしきる暗い雑踏のなかにステラはたたずんでいます。やがて彼女は明かりのともされた豪邸の窓に歩み寄り、微笑みながら、上流階級の若者と結ばれた娘の結婚式を見守ります。映画のラストシーン、ステラはカメラに向かって、いっそう輝かしい笑みを浮かべ、華やかな結婚式を背にして堂々と歩み去っていくのです。

未來　娘に対する無私の愛を描いた映画ですか？

先生　一般的には、子どもの幸せのために自分を犠牲にする母親が女性のあるべき姿である、ということを表現した名作だと評されています。しかし、カベル先生の解釈はまったく違う。わたしもそれに同感しているのですが、女性が痛みと嘆きを受け容れて、それを超克していく内面的な自己変容の道のりを描いているのだ、と。

未來　内面的な自己変容？　よくわかりません。

先生　内側から変わりゆく自分らしさ、という意味です。ステラがあこがれの上流社会のなかで自分を洗練させようとするのは、ステラ自身に自己教育への熱望があったからです。その自分の欲求に従って、上流社会を象徴する夫ステファンに教育されることを選んだ。最初は、そうやって成長していくことがステラの考える自分らしさだったわけですが、次第にむなしさを感じるようになる。

映画では、ステラにさまざまなドレスが着せられ、寸法を合わせられ、ステラの服装について論じられるシーンが数多く出てきます。最初は、ステファンの好みに合わせて自分を着飾り、彼の気を引くことに成功したり、手作りの服を贈って娘を喜ばせたりしますが、ステラはだんだんと彼らの好みに自分の好みを合わせることはできないという認識を深めていく。

未來　出てきましたね、「好み」というキーワード。たしかエマソンは、他人の価値観に追従することなく、自分の欲求や自分の好みというものを強く持ち続けなさい、といったのですよね。

先生　そうです。自分らしさというのはテイスト、つまり嗜好の問題でもあって、ステラはどんな洋服を着るか、どんな装飾品を身につけるか、みたいなところで自分らしくあることを表現している人だったのに、それを夫によって抑えつけられていた。その自己信頼と追従の葛藤のなかから生みだされてゆく、ステラの自己発見の過程が描かれている。

ステラは、自分の娘が上流社会にうまく適応していっても、その社会には自分とは相容れない決定的な何か、どうしようもない違和感があることを感じとるわけですね。

そしてある日、ジャラジャラと音を立てるほど宝石を身につけ、首にキツネの毛皮のマフラーを巻きつけて、プレー中のゴルフのグリーンをこれ見よがしに闊歩《かっぽ》する。

夫の抑圧に耐えられなくなったステラは、自分の趣味を強要する夫に向かって「わたしの言葉遣いの文法をなおすことはできても、ファッションに関しては教えることはできない」と主張するのです。

未來　文法には正解があるけれど、好みには正解がないですからね。

先生　カベル先生は、自分の好みを信頼することは、運命や制約を引き受けた上で、世界のなかに自分自身で存在しなおしていくことである、といいます。

ラストシーンについても、ステラは雨でびしょびしょに濡れて娘の結婚式を窓の外から眺めている、一見すればすごく哀れな女性だけれど、カベル先生は、ステラが上流階級の若者と結婚した自分の娘や別れた夫、その再婚相手など、みんなを捨てて前へ一歩踏みだしていく姿だと読んでいるわけです。

それは決して自己犠牲ではなく、自分らしくあるために彼女が自発的に選びとった道である。でも、それは今まで築いてきた自分らしさをムダにしたことではなくて、一歩外に出て新しい自分らしさを踏みだした姿だ、というわけです。

未來　ステラは自分らしくあることのために全部を捨てたけれど、それでほんとうに幸せといえるのでしょうか？

先生　幸せも不幸もいっしょに背負っていると思いますが、いってみれば、自分らしくあり続けること、つまり自己信頼の道は、自分のほんとうの幸せをつかむための「過程」なのです。

未來　だから自分の幸福を追求する場ではないとわかれば、そこから飛びだしなさい、というわけですね。わたしの従姉妹も、今の家庭に幸せを求めることができないなら、そんな浮気男はきれいさっぱり打ち捨てて、新しい世界へ踏みだすべきだ、と。そうですよね、そうするべきですよね。彼女なら、きっと出なおすことができると思います。

他人の目を気にしなければ、つねに正しいことができる

先生　自己信頼というのは恒常的にできるわけではなくて、自分への信頼感が落ちてし

まうこともあれば、また自分を信じて突き進むことができるときもある。自己信頼の人生というのは、そういうでこぼこ道だと思います。

ステラだって自分らしくなかったこともあったわけですね。結婚したときは、自分は望みどおりの素敵な男性と家庭を持って最高の状態にあると思っていたかもしれない。けれど、それがあとから失敗だったと気づいて、また、まったく違う道をひとりで歩きだす。

エマソンは「**勇気とは何度でも立ちなおることだ**」といっているように、いつも自分らしくいられるわけではなくて、自分を見失うこともあれば、自分らしくないと気づいて立ち上がって自分らしくなることもあるわけです。そのときに、神性的なものとの交わりが自分を助けてくれる。その意味で、これは自己救済の思想です。

未來　自分を助けてくれるのは、自分らしさに近づけてくれて、さらに自分を高めてくれるような、自分のなかにある神性的なもの――内なる光、ですね。先生の自分らしさが落ちているとき、内なる光はどんなふうに助けてくれたのですか？

先生　自己信頼ができていない場合、自分は本来こういうことをすればワクワクするという感情すらも忘れていることがあるのですが、内なる光と通じ合うことができたときは、その気持ちを思いださせてくれるというか、情熱を感じる瞬間をよみがえらせてくれます。情けない話ですが、情熱というのはいつも保てるものではなくて、体調が悪かったり忙しかったりするだけでも消えてしまうことがあるわけですね。

でも、わたしの場合、エマソンの本を読んだときに、ふと情熱を思いだす。今にして思えば、彼の思想にふれること、それがわたしをわたしたらしめる光を発見させてくれるものでした。

未來　わたしは今、絵画を見ているときが一番ワクワクします。もし仮に、わたしがこれまでのキャリアをきっぱり捨てて、美術関係の仕事にたずさわることができたとします。それで、わたしの人生が満たされるのかどうか。わたしのまわりで転職して成功しているのは、自分のキャリアを活かした人たちだけです。異業種を転々とするなんて、不安きわまりないでしょう。

先生　これは仕事だけの話にとどまらず、エマソンは「あらゆる行為は、ひとつの傾向によって統一されている」といいます。どんなにバラバラに見える行動でも、そのときどきの自分に正直でありさえすれば、そこには必ず共通点がある。ひとつの意思から出ているからには、一見どれほど違って見えたとしても、それらの行動はやがては調和するようになる、というのです。エマソンは、これを航海にたとえます。

「どんなに性能のいい船でも、何度も何度も方向を変えながらジグザグの航路を進んでいくものだ。しかし、**適当な距離から見れば、その航跡は偏《かたよ》りが均《なら》されて、一定の方向にまっすぐ進んでいることがわかる**」

未來　あぁ、その言葉、心に響きました！　今のわたしみたいに先が見えなくて思い悩んでいる者には、すごく救いになります。迷っても迷っても、いつかは目的地にたどり着く、ということですね！

先生　迷うことがあっても、やがてはきたるべき道に通じる、ということです。だから**どうぞ、ジグザグしなさい、思いっきり迷いなさい**、と。いうまでもなく、そのときどきに真剣であることが前提条件です。だれが何といおうと、自分の内なる光を羅針盤にして、今、自分がこの道だと思うところをはばかることなく進んでいきなさい、ということです。

未來　そうすれば、自分がめざすところに到達できるわけですね。

先生　信念を持ってさえいれば、必ずそこに到達できるという保証はありません。これはエマソンもふくめてアメリカ哲学の特色ですが、最初にゴールが設定されていて、それに向かって一生懸命に進んでいくという発想ではないのです。

エマソンが「やがては調和する」といっているように、「やがては」なのですね。だから今は、そうなると信じて行きなさい、と。でも、そうなるかどうかは航海しているときは定かではない。航海が終わってからじゃないとわかりません。

未來　え、えーっ！　何ですかそれ!?　「内なる光」を信じて努力していれば、いつかは報《むく》われる、ということではないのですか？

先生　「内なる光」は、はじまりにすぎません。**その場、その場で努力して、自分のやるべきことに精魂《せいこん》こめて取り組めば報われるときがくるか**も**しれない**、ということです。

もう少し具体的にいうと、自分の直観、湧き上がってくる思いをないがしろにせず、それと向き合い思考して、自分の考えをきちんと言葉にして世の中に表明し、行動に移していく。まわりの評判がどうあろうと、「内なる光」を思いだし、自分の考えをたしかめ続けていく。

エマソンが「**先ざき、どうなろうとも、今正しいことをするのだ。どんなときも世間の目を気にしなければ、つねに正しいことはできる**」というように、周囲に迎合することなく、そういう努力をあきらめずに続けていけば、報われるチャンスは必ずありますよ、ということなのです。

窓の外はもうとっぷりと暮れていた。先生は出かける用事があるというので、３週間後に訪ねる約束をして、未來は後ろ髪を引かれる思いでキャンパスを出た。

ああ、もうエマソンは人を惑わせる天才だ！　ようやく理解できたと思ったら、またもや疑問が頭をもたげてくるようなことをいう。エマソンの思想は、一筋縄ではいかない。つかみがたい。でも、負けない。せっかく開きかけた人生の突破口なのだから。きっと、エマソンをつかまえてやる！

第3回
「考えること」をやめてはいけない

幸せはもともと運のようなもの

未來　前回、先生は自己信頼の道はほんとうの幸福をつかむための過程だ、とおっしゃいました。でも、自分がめざすところにたどり着けるかどうかはわからない、ともおっしゃった。それじゃ、幸せをつかめるかどうかわからないじゃないですか。明らかに矛盾していますよね。

先生　幸福というのは定義がむずかしく、何が幸せかというのは、そう簡単に一般化できません。前に申し上げたように、幸福というものは自分の心が満足でありさえすればそれでいいわけですから、生活が安定していれば幸せという人もいれば、自由を享受できなければ幸せじゃないという人もいる。お金持ちになれれば幸せだと思う人もいるでしょう。幸福の基準は人それぞれです。

エマソンにとって幸せをはかる指標は、**自分が行きたいと思っているある種の方向性**

にどれだけ忠実に従っているか、ということです。その行きたい方向も、最初から確実にわかっているものでもなくて、もっともやもやしたものではないでしょうか。

先日、お話ししたステラ・ダラスのように、上流階級の洗練された女性になることが自分の幸せだと思って上流社会に入ってみたけれど、そこでは自分の幸せを得られず、それまでとは違う幸せを求めて再出発する。幸せとは、そんなふうに**いろいろな方向に広がっている可能性を、自分を信じて模索していく**ものだと思います。

だから自己信頼の道は、幸福をつかむための過程ですし、その過程のなかで自分にとっての幸せの意味が明らかになっていくともいえます。

そもそも、「幸福」(happiness)の語源は「ハプニング、偶発的な出来事」(happening)で、"hap-"はチャンスを意味しています。「幸福」は元来、運のようなものという意味をふくんでいるのです。この不確実な性質のために、また人間の生命の不安定さを緩和するために、人間は「安定」と「保証」をずっと求めてきたと考えられます。

未來　エマソンは、安定や保証を求めるのがダメだというのですか?

先生　それが人間の習性だ、というのです。だから保証が欲しいという気持ちはよくわかります。でも、こうすればこうなりますよ、と答えを差しだすのはエマソン的な発想ではありません。エマソンの発想は、チャンスの世界に根ざしています。チャンスというのは偶然に訪れるものですから、いわば前に向けて投機する思想です。

つまり**保証がないところ、不確実なところで、自分の直観や考えに従って行動することによって喜びを見いだしていく**。だからこそ人生は驚きの連続なのであって、エマソン的生き様というのは、先がわかってから一歩踏みだすものではないのです。

未來　賭けに出るということですか？

先生　人間が一歩前へ出るときというのは、必ずしも全部わかって踏みだすわけではないでしょう。すべてが保証されているはずがなくて、もしかしたら、のるかそるかの賭けに出ているのかもしれない。

未來　なぜ、そんな危ないことをする必要があるのですか？

先生　まさにそれは、学生たちからよく出る質問です。大学で、エマソンの思想は先が不確実であるという授業をおこなうと、人間はそれほど強くないからそんな不安定な生き方をするよりも、長い歴史を通じて人間がつくり上げてきたものに依拠する生き方を学ぶほうが大切なのではないかとか、わかった器のなかで生きたほうが安心じゃないですかとかいう反応が必ずといっていいくらい出てきます。

この前、アメリカ哲学のフォーラムがあったので、集まった先生たちに「授業でエマソンを教えると、どうしてそんなにリスクに満ちた生き方をしなくてはいけないのか、という質問が生徒たちから決まって返ってくる」と話したら、フランスの教授が「では今、世の中で起きていることを見て、そんなに安定していることがありますか？　そんなに保証されていることがありますか？　と逆に聞きたいです」といわれました。

どうですか、ありますか？

未來　……そう聞かれてみると、「ある」とは断言できません。経済は安定していないし、政治も当てにならない。環境問題も深刻で、いつどんな災害に見舞われたり病気になったりするかわからないし、食糧危機に襲われるかもしれない。戦争に巻き込まれる可能性だって皆無とはいえない。だれを信じ、何を信じていいのか。考えてみれば、不安だらけです。

先生　社会はリスクに満ちている。では、そういうなかで、より充実した人生を生きていくにはどうしたらいいのか、ということが今一番問われているのではないかと思います。

先行きが不透明だといわれる状況で、心配するわけでもなく、何かにしがみつくのでもなく、肯定的な人生を生きていくにはどうすればいいのか？　不確実だらけのなかで、どうやったら少しでもよりよい幸福な人生が送れるのか？　その手がかりが、エマソンの思想にあるのです。

「自分が正しいと思っていたこと」を疑え

先生　不確実なことだらけの状況のなかで生きていくためにもっとも必要なのは、言葉にする力と思考力です。**他人の言葉や常識に囚われず、自分自身でどうするべきかをよく考えて、それを表明する。**もしという何があるかわからない不確定な状態を徐々に明確にして、こうすればこうなるはずだという確実性の高い状態へと変えていけるもの、それは自分の言葉と思考の力しかありません。

未來　ちょっと復習させてください。エマソンは、自分の内面を徹底的に見つめることによって感じとることができる内なる光、直観を信じなさいといった。思考の源はこの直観である、と。

そして、思考停止がいかに人間にとって危険かを訴えた。わたしをはじめ、ほとんどの人は自分の頭で考えているように思っているけれど、実は世間やまわりの意見に追従しているのであって、それを自覚していない。自ら他人の価値観に合わせてしまっているだけでなく、社会のあらゆるところに、考えないように仕向ける力が潜《ひそ》んでいるから、絶えず自分の頭で考えるということを意識しなくてはいけない。

幸せになりたいなら、他人がどういおうと、自分の内側から湧き上がってくる思いを信じ、自分がほんとうに何を欲しているのか、自分にとって何が一番大事なのかを考え、表明し続けなくてはいけない、と。

先生　そのとおりです。しかも思考のほんとうの力というのは、人間が不確実な状況で一寸先は闇のような危機に直面したときにこそ試される。リスクを冒すということは、常識や前例に囚われず自由に考えるということの根底にあるもので、リスクを冒さなかったら、人は不安定さを抱えながらそれを徐々に何か落ち着いたものに転じていくことはできません。

つまりグラグラしたなかで、その都度杭《くい》を打ちこむように、つねに新しい判断をくだし続けていく、その思考こそが一番、地に足のついた考える力を持つのです。

未來　普通、人間はほっとしたなかでこそ、じっくり物事を考えて判断し、だした答えを肯定できるという安心感を得られるのではないですか。

先生　エマソンは、こう述べています。「すべてのものを自分が崩すのだ。わたしはただ実験するのみである。終わりなき探求者であって、過去を背負わない」と。

前例やこれが正しいという何か絶対的な基準があって、それに依拠して思考する様態《ようたい》とはまったく違い、自分が今までそうだと思っていたことの確実性を疑ってかかり、何かわからない先に自分を投げだしていく。つまり何の保証もない危なっかしさを負ったなかで、こうではないか、ああではないかというふうに試行錯誤し、自分だけではなく、人にもそれを試していく。**そうしない限り、底力のある思考力は身につかない**というのです。

未來　試していくって、どういう意味ですか？

先生　表明していく、ということです。人に対して「わたしはこういうことを考えたのだけど、どう思う？」というふうに投げかけてみる。頭のなかでぼーっと考えているだけでは、漠然とした考えが浮かんでは消えていくだけです。

大事なのは、**自分の考えていることをきちんと言葉にして語る、あるいは文字で表現する。そうすることによって考えが整理され、明確になります**。そして他人と語り合えば、ものの見方や考え方が広がり、深まっていく。

未來　思考には他人が必要だということですか？

先生　そうです。他者がいなかったらひとり言をいっているのと同じですから、思考が発展しません。対話を通じて、自分とは異なる考え方やものの見方を知ると、新たな視界が開ける。人の言葉にふれるということは、悪いかたちをとれば追従に流れてしまいますが、自分を縛っていたものの見方から解放される可能性も大いにあります。

それが自由や幸福に関わってくるわけです。

自分に正直に生きるためには他人が必要である

未來　……あ、ちょっと待ってください。自己信頼には思考が不可欠で、思考には他人が欠かせないわけですね。ということは、自己信頼には他人が必要だということではないですか？

先生　そうです。自分の直観や考えを信じ、それを自分なりの言葉にして表現し、他者に投げかける、というプロセスを経て獲得していくのが自己信頼です。そういうプロセスを経なければ、自分を信頼することはできません。

未來　えーっ！　自己信頼は、自分の内面を徹底的に見つめることで実現できるものではなかったのですか？

先生　これは、エマソン独特のパラドックスです。他人には何も求めるな、といいながら、他人の言葉を聞きなさい、といいます。

もちろん自分に向き合い、内なる声に耳を澄まさなくてはいけません。自分の欲求や自分の好みを強く持ち続けることは大事ですし、そういう意味で個人主義になることを恐れてはいけない。ただし、その個人主義はただの利己主義ではなく、真に自己を信頼するには人の声を受け容れるという受容性も持たなくてはいけない、とエマソンはいうのです。

未來　それは追従にはならないのですか？

先生　他人の声を受け容れるという意味では、追従です。いってみれば、追従は人間の運命です。つまり社会の一員である限り、他人の意見をまったく無視して生きていくことはできません。

しかし、エマソンが説いているのは、**他人の考えに軸足を置いて生きるのではなく、あくまでも自分の考えを拠りどころにして生きなさい**、ということです。

未來　要するに、追従に流されてはいけない、ということですね。

先生　そうです。しかし、自分の考えを信じて、自分に正直に生きるということも、自分ひとりだけでやりとげられるものではありません。

先にお話ししたように、内なる光を発見することができたとしても、いつ消えてしまうかわからないようなはかない光ですし、いつもいつも揺るぎない自己信頼を持てるものでもない。

自己信頼が薄れているときに、今、最高レベルで自分を信頼できている状態ではなく、そこから落っこちている状態であるということを知らしめてくれる他人との出会いや友情が、自分を支えてくれる。友人が、自信をなくして心が折れそうになっている自分に立ちなおるチャンスを示してくれて、自分自身が自分を信頼することの大切さを思いだしていく場合も少なくないと思います。

そういう意味では、対人関係がなかったら自己信頼はありえない、といっても過言ではありません。

未來　しかも自己信頼に必要な思考を発展させていくためには、他人に自分の考えを投げかけて、相手から返ってきた考えを頭から否定したり鵜呑みにしたりしないで、自分が納得いくまで考え、またその考えを投げかけなおしていく、ということが必要なわけですね。

物怖じしている人に世界は冷たい

未來　わたしは今、自分を信じることができないからでしょうけど、不安だらけで、なかなか前へ進めません。

先生　エマソンも教会を辞めて、海外を放浪する身となったときは不安だったと思いますよ。でも、そのなかで、悪しき伝統や社会の常識に囚われずに自分の正しいと思うことを信じて生きていこう、という自己信頼の思想を育んだのです。

「恐怖はつねに無知から生じる」とエマソンはいっています。つまり、物事を知ろうとしたり自ら考えたりということをしない状態が恐怖を呼んでいるのだ、と。

そして、「**恐れていることをやりなさい。そうすれば恐怖に打ち勝つことができる。**

世界は、その見せかけを見抜くことのできる人のものである。目に映るすべての頑迷《がんめい》、盲目的に守られている習慣、蔓延《まんえん》した誤りなどは、いずれもただあなたたちが黙認しているために存在しているのだ。これらが虚構であるとわかれば、あなたたちは、それでもうこれらに致命的な一発をくらわしてやったことになる」とハッパをかけます。

未來　知らぬ間に追従に流れ、既成概念にまみれて生きているわたしたちへの警告でもありますね。

自分が今まで不安に思っていたこと、安心、安全だと思っていたことがほんとうにそうなのかどうか、疑ってみるところからはじめなくてはいけない。エマソンの「すべてのものを自分が崩すのだ」という心意気が必要なのですね。

先生　不安とともに生きているとき、不安を見ないのではなくて不安を抱えつつ、どうやって前に進めるか、ということが試されるのだと思います。

エマソンが「**物怖**《ものお》**じしている人に世界は冷たい**」というように、世界を遠くにあるもの、自分には関係ないものとして避けている状況は、距離があって正体がよくわからないという恐怖が生まれている状態です。不安は嫌悪や排斥にもつながっていきます。

未來　どういうことですか？

先生　外国人労働者とか移民とか、国籍が違うというだけで排斥しようとする人間は、裏を返せば、自分の安定が壊されそうで怖がっているのです。同調圧力も、根は同じだと思います。

エマソン的な生き方というのは、違ったものを恐れるな、違ったものから自分はどれだけ触発されて豊かになれるかという可能性に自分を開いていく、という発想です。

エマソンの思想が日本に定着しなかったのは、そういう点で閉鎖的な日本文化に合わないところがあったからかもしれません。

不安なときこそ希望がある

未來　でも、外国人労働者が増えてきた今はそんなことをいってはいられませんよね。排斥などできるものではありませんし。エマソンは、社会に無関心ではいけない、恐れているならもっと関われといっているのですか？

先生　ええ。エマソンは「偉大な人とは、自分の心の状態を変えうる人だ」といっています。自分の精神状態が変わらなかったら、世の中に果敢《かかん》に関わっていくことはできません。つまり無知でなくなるということは、自分も変わり、世界を変えうる力にもなる状態だというのです。

未來　不安や恐れは悪いものでもないわけですね。

先生　**人は安定を望むものですが、不安定な状態にいるときにこそ希望がある。**不安は、自分が直面している問題や、今の自分には何かが足りないということを教えてくれるシグナルです。なぜ自分が不安を感じているのか、どうなることを恐れているのか。それをじっくりと考えて、問題点を明らかにすれば、対処の仕方もわかってきます。

　不安や恐れを抱えている状態に自ら気づくことによって、そこから希望に転ずることができるのです。

未來　自分が今、そういうネガティブな感情を持っているのだと認識することが大事なのですね。

先生　それが幸せをつかんでいく前提条件ですし、世間の声に従うのではなく、自分自身の力で思考し、自分自身の言葉で語れるようになる出発点でもあります。

繰り返しになりますが、安定した人がする思考と、恐れや不安を抱いている人がする思考とでは、力の大きさが格段に違います。そういう意味でも、**不安や恐れを持つことは決して悪くない。その恐れをバネにして、前に進んでいくことがいい結果を生む**、といっても過言ではありません。

「安定した人生」などない

先生　エマソンは「人間はみごとな不可能性である。人間が歩かねばならない線上は、間一髪の際《きわ》である」と述べています。

未來　またまた人を惑わす表現ですね。人間はみごとな不可能性である？　さっぱり意味がわかりません。

先生　人間が安定する基盤を築いて、そこに安住することは不可能である。けれども、その不可能性を人間が引き受けた上で、みごとに美しく、諸事に対処していくあり様を表しています。

未來　人生を安定させることができると考えるのは思い違いだ、ということですか。

先生　**人間は安定を求めてきたけれど、そもそも人間が人生を安定させられるなんてことはありえない**、とエマソンはいっているのです。

未來　たしかに、安定したと思いこんでいたら大変な目に遭うことも少なくない気がします。難関を突破して人気企業に就職しても、その会社が倒産することもあるし、お金持ちのやさしい男性と結婚してこれでもう自分の人生は安泰だとたかをくっていたら、とつぜん夫が事故で亡くなってしまうこともある。健康だけが取りえだと思っていても、不治の病にかかることもあります。

考えてみれば、そういう艱難辛苦《かんなんしんく》があってもへこたれない自分、何があってもぶれない自分をつくるためには、最初から人生に安定はないと覚悟していたほうが賢明かもしれませんね。

先生　エマソンは、世界は二元的であるといいます。光と闇、寒さと暑さ、潮の干満、男と女、動植物の呼吸、心臓の収縮と拡張、遠心力と求心力など、一種の避けがたい二元性が自然界を二分して、その結果、何もかも半分で、それが完全になるために別のものを必要としている。たとえば心は物を、男は女を、奇数は偶数を、主観は客観を、内は外を、上は下を、動は静を、肯定は否定を。

同じ二元性が、人間の性質と状態にも見られるというのです。何かが多すぎればどこかで欠乏を生じ、何かを失えばそれに対して必ず何かほかのものを得ている、と。

未來　そういえば、幸福と不幸は表裏一体だということわざもありましたね。そうそう、禍《か》福《ふく》はあざなえる縄《なわ》のごとし。祖母がよくいっていました。

先生　エマソンが世界は二元的であると指摘したように、わたしたちは直観と理性とか、宿命と自由とか、個人と社会とか、相対するものの間を振り子のように揺れながら生きている。それが「大自然の法則」だから、いくら安定を望んでも、安定することなどできない、とエマソンは説くのです。

未來　それで、「人間が歩かねばならない線上は、間一髪の際である」というのは具体的にどういう意味ですか？

先生　安定した基盤の上に立てないのであれば、自転車を漕ぐように、どちらかに倒れないよう右のペダルか左のペダルかといった際どいところでバランスをとりながら、われわれは前に進んでいくほかない。「人間が歩かねばならない線上は、間一髪の際である」というのは、その動きを表しています。

たとえば個人か社会かみたいな葛藤があるときに、どちらかを捨ててしまうのではなく、バランスをとりながら両者の際を行く術《すべ》を身につけることが大事なのです。

未來　そういえば、アインシュタインも「**人生とは自転車のようなものだ。倒れないようにするには、走り続けなければならない**」といっていました。でも自転車を漕ぐのをやめて、止まることも可能ですよね。だれもがエマソンやアインシュタインみたいにタフじゃないし、生きていれば疲れ果てることもあるじゃないですか。

先生　そうですね。じゃ、もう止まっちゃおうと地に足をつけて踏んばれば、とりあえず安定しますから怖がることもない。それもひとつの選択です。でもそうすると、前には進めない。動きが止まってしまいます。

未來　人生を歩んでいるとはいいがたい状態ということですか。

先生　休んでいる、あるいはあきらめた状態だといっていいでしょう。そこに留まって、自転車を漕ぐのをやめてもいいけれど、それをエマソンは決して美しいとはいわない。やっぱり人間は風を切って圧力を感じながらもバランスをとって自転車を漕いでいる、その状態がカッコいいと賛美するのです。

リスクを冒さないと潜在能力を引きだせない

未來　よく「安定しないで、いろいろチャレンジしろ」といわれます。なぜかというと、チャレンジすれば失敗することも多いけれど、そのたびに学びがあって成長するから、と。でも、そういうことではないのですね。

先生　不確実なことだらけの状況のなかで生きていくためにもっとも必要なのは、グラグラしたなかで、つねに新しい判断をくだし続けていく思考力だといいました。だからAかBか二極の間で揺れ動いているときに、どちらか一方を捨てて落ち着きたいという誘惑にあらがって、両方とも引き受ける思考、耐え忍ぶ思考の力が求められるのです。

そして、エマソンが何より訴えたかったのは、**安定すると、その人自身が開かれていく可能性にふたをしてしまう**、ということでした。

未來　その人自身が開かれていく可能性？

先生　前にお話ししたと思いますが、人はだれでも今の自分を超えていける可能性を持っている。つまり、持って生まれた素質には必ず伸びしろがあって、いつでも広がっていく可能性があるわけですね。

でも安定志向になってしまうと、その潜在的な能力を活かそうとはしなくなります。活かすことができなければ、人生は驚きに満ちたすばらしいものになりようがありません。だからエマソンは、「チャンスをつかむために、人は際に立ち続けねばならない」といったのです。

未來　安住しているところにチャンスはない、チャレンジなくしてチャンスはつかめない、ということですね。

日常生活のなかでいかに思考するか

先生　思考するというと何か高尚なレベルを想像しがちですが、エマソンは生活のなかで思考することが重要だといっています。「近いもの、低いもの、ありふれたもの」を大事にしよう、と。自分を自分たらしめているのは、今ここでつくっている日々の生活であり、日常のなかで日常を超えていくことが大切だというのです。

未來　うーん、よくわかりません。

先生　先ほど、個人か社会か、という葛藤があるときにどちらかを捨ててしまうのではなくて、バランスをとりながら際を行くことが重要だといいました。バランスをとるというだけなら、ある時間は仕事をして、ほかの時間は自分の好きなことに費やして人生のバランスをとって終わり、みたいなことになる。

未來　ワーク・ライフ・バランスですね。仕事だけに追われるのではなく私生活でやりたいことをして、公私を両立させる。仕事にやりがいを持てないからアフター5を充実させよう、と考えている人もたくさんいます。

先生　エマソンが「生活のなかで思考する」といっているのは、仕事は仕事でこなし、それ以外のところではリラックスして何も考えずに楽しむということではなくて、**公私を分けずに、何をやっていてもそのなかであなたしかできないこと、あなたの最良の部分が活かされるような考え方をしなさい**、ということです。

未來　でも、先生は前に、会社に勤めながら趣味の道を極めるという方法もあるとおっしゃったじゃないですか？

先生　それは追従状態から脱出するまでのプロセスのなかでの話ですし、日々の会社員としての生活をないがしろにしていいとはいっていません。

「生活のなかで思考する」というのは、身近にあるもののなかに大切さを見いだすような考え方をしなさい、ということです。主婦の場合なら、毎日、家庭の細かい作業をやっているなかにも自分を高めていく要素がたくさんある。料理ひとつとっても、家族の健康を支えているのだと思ったら、食材の栄養価を考えたり、その効果を高める調理法を工夫したりするでしょう。

会社員でコピーをとる仕事をしているような場合も同じことです。

未來　コピーという機械的な作業にも意味があると？

先生　そうではなくて、コピーをとることがめぐりめぐってどういう意味を持つのか、みたいな発想をする。

たとえば、上司が今こういう意義のあるプロジェクトを進めていて、このコピーはその会議に必要な資料で、間に合わなければ大変なことになる。どうすればより早く、きちんと資料をそろえて上司を助けてあげられるだろうかというふうに、日々の細かい、いってみればどうでもいいようなありきたりの行為に、自分がそれをやる価値を見いだしていくような思考をしましょう、ということです。

未來　どんなことにも自分なりに工夫する余地はある、ということですか。

先生　そうです。エマソンは「もし仕事がつまらないものであれば、自分の思索と人格によって立派なものにすればよい」といっています。**今やっていることに自分が打ちこむなかでこそ幸せは見えてくるし、思考する力も研ぎ澄まされていく。**今やっていることをいい加減にして幸せになれるはずがありません。

未來　日常のささいな仕事にも、どうすれば自分の個性を出せるか、どれだけ自分を活かし切れるかを考えなさいということですね。

天職を見つけるには何が必要か

未來　ときどき「これは自分の天職です」といって、いくつになっても生き生きと仕事をしている人を見かけますが、あんなふうに生きられたら幸せだろうなと思います。

そもそも天職というのは、どうすれば見つけられるものなのですか？

先生　これがあなたの天職です、と教えてあげられるようなものではないし、こういう方法で発見できますよ、と教えられるものでもありません。

未來　わたしは、もしかしたら天職がある人とない人に分かれているのではないかとも思っていました。

先生　だれにでも天職はあります。エマソン流にいえば、天職というのは、働くことに意欲を持つ人間が、自分の内なる光を大切にしながら努力して達成していくものです。エマソンは、こういっています。

「人生はすべての人間になすべき仕事を与える。代数、園芸、建築、詩、商業、政治——**何を選んでも、自分に適するものを選びさえすれば、いっさいは達成することができ、奇跡的な成功を博《はく》することさえ可能なのだ**」

この「なすべき仕事」というのは、その人が内なる光に応じた自分の個性を活かせる具体的な場、たとえば園芸とか建築あるいは政治などの世界に身を投じることであり、そうすれば奇跡的な成功をおさめることも可能だ、というのです。

未來　先生は、自分のお仕事を天職だと思われていますか。

先生　今は研究すること、論文を書くことが天職であると納得しています。でも、お話ししたように、そこにいたるまで紆余曲折《うよきょくせつ》がありました。
「自分らしさ」と同じで、天職とは最初から「これがわたしの天職です」と提示できるものではなくて、他人とふれ合ったりいろいろな世界に自分が関わったりするなかで、それは確信されていく。環境であるとか自分が置かれた場であるとか与えられた機会であるとか、そういうものの相互作用でジグザグしながら、わたしはきたるべき道にきた、という感じがします。

未來　それは必要な過程だったと思われます？

先生　必要だったと思います。エマソンの著作を読んでいると、人間が自己信頼に満ちあふれている状態と、自分を信じられなくて堕落《だらく》した状況が描かれていて、人生でムダなことは何ひとつないと思わせてくれます。
エマソンの論文「随想余録」に「聡明な職人は、自分の仕事の才能を誘いだしてくれた貧困や孤独を悔やまない」と書いてありますが、そういう負の状況に投げこまれることで、人は鍛えられ、模索しながら前に向かって生きる力を得るのだろうと思います。だから、その経験は決してムダではなかった。

わたしの経験は、研究職という視点から見たらすごく遠回りだったのかもしれません。しかしエマソンがいうように、人生総体として見れば、それは簡単に負であるとか正であるとかいうような価値観に落としこめるものではなくて、天職を見つけるための導きの過程、自分が通らなくてはいけない道だったな、というふうに思います。

組織の歯車のひとつになっていないか

先生　エマソンは、**人間の最上の幸運とは、人それぞれが幸福を与えてくれるある仕事に向かう傾向を生まれつき、そなえていることである、**といいます。

自分に適した仕事であれば、まず第一歩からはじめて、順を追って一歩ずつ進んでいけば必ずうまくいく。失敗するとすれば、「必ずそこには、ある軽率さがあったり幸運に対する迷信があったり、ある手順を省略したりしたのであって、自然はこうしたものを絶対に許さない」と警鐘を鳴らします。

要するに、もし失敗したとしたら、外からの声にフラフラッと従ったり世間で流行しているることに流されていったり、お金がたくさん入ってきさえすればいいというような誤った考え方をしたりして、自分で一歩一歩、道を踏み固めて進んでいくことをしなかったからだろう、と。

未來　世間やまわりの声に追従している間は、まず天職にはめぐり合えないし、成功もしないということですね。

先生　エマソンは「**あなた自身を最大限に利用しなさい。あなたにとって、あるのはそれだけなのだから**」と喝破《かっぱ》し、何をやっていてもそのなかで自分を最大限に活かすような考え方をしなさいと説得してやみません。

しかし、ほとんどの人は、自分の携わる仕事や商売の慣習に、細部にわたってできる限り順応して働いている。それでは人間も自分の動かしている機械の一部にすぎない。人間は見失われている、というのです。

追従状態のなかでは、自ら問いなおし、自分で考える機会がありません。会社の組織

郵 便 は が き

料金受取人払郵便

代々木局承認

6948

差出有効期間
2020年11月9日
まで

1 5 1 8 7 9 0

203

東京都渋谷区千駄ヶ谷 4-9-7

（株）幻 冬 舎

書籍編集部宛

1518790203

ご住所 〒 都・道 府・県	
	フリガナ お名前
メール	

インターネットでも回答を受け付けております
http://www.gentosha.co.jp/e/

裏面のご感想を広告等、書籍の PR に使わせていただく場合がございます。

幻冬舎より、著者に関する新しいお知らせ・小社および関連会社、広告主からのご案内を送付することがあります。不要の場合は右の欄にレ印をご記入ください。

不要 □

本書をお買い上げいただき、誠にありがとうございました。
質問にお答えいただけたら幸いです。

◎ご購入いただいた本のタイトルをご記入ください。

『　　　　　　　　　　　　　　　　　　　　　　　　　』

★著者へのメッセージ、または本書のご感想をお書きください。

●本書をお求めになった動機は？

①著者が好きだから　②タイトルにひかれて　③テーマにひかれて
④カバーにひかれて　⑤帯のコピーにひかれて　⑥新聞で見て
⑦インターネットで知って　⑧売れてるから／話題だから
⑨役に立ちそうだから

生年月日	西暦　　　年　　月　　日（　　歳）男・女			
ご職業	①学生	②教員・研究職	③公務員	④農林漁業
	⑤専門・技術職	⑥自由業	⑦自営業	⑧会社役員
	⑨会社員	⑩専業主夫・主婦	⑪パート・アルバイト	
	⑫無職	⑬その他（　　　　　　）		

このハガキは差出有効期間を過ぎても料金受取人払でお送りいただけます。

ご記入いただきました個人情報については、許可なく他の目的で使用することはありません。ご協力ありがとうございました。

の歯車のひとつとして与えられたことを着実にこなしているだけでは、自らの天職にめぐり合うことはできないと思います。

未來　自分なりに考えているつもりでも、結局、知らないうちにいろいろ縛られて、自由にものを考えられなくなっているのですね。安定したいからと何かに寄りかかって安心している間に、いつのまにか自由を手放してしまっている。

思考することで初めて自由になれる

先生　**わたしたちは思考することで初めて自由になれる**のです。考えるということは、世間の価値観や慣習、会社の決まりごと、さらには自分の思いこみなど、自分を束縛しているものから自分を解き放つことです。

未來　でも、それは今まで自分が足場としていたものを失うことになるから、不安が必ずつきまとう。不安と自由は切り離せない関係なのですね。

先生　表裏一体という気がします。エマソンは「人間は本来、自分にとっては容易で、やれば立派にでき、ほかの人ではできないような何かをやりたくなるものである。競争相手というのがないのである。そのわけは、**本気で独自の力を発揮すればするほど、その人の仕事はいよいよ、ほかのいかなる人の仕事とも違ったものとなってくる**からだ」といいます。

しかし、多くの人間が、その自発的な力を発揮できないのは、**思考する自由さえも奪われ、結果として何も考えていない**からです。

未來　他人の価値観に依存せず、自分の好みを強く持って自ら考え続けること、つまり自己信頼が必要だということですね。

先生　「自信は成功の第一の秘訣である」とエマソンはいっています。

未來　なるほど。ところでエマソンは、だれもが天職を見つけるべきだといっているのですか。

先生　天職というものが自分を最大限に表現してくれるものだと定義するなら、やっぱりすべての人が天職を見つけるべきです。

エマソンが、「自然は、対立によって支えられている。激情や抵抗が人間を教育してくれる。わたしたちは、克服した力をわがものとする。……宇宙が光を放つものだったら、太陽はおよそ退屈なものになるであろう。人格の光栄とは、堕落の恐怖に直面して、そこから新しい高貴な力を引きだすことにある」と述べているように、**困難の克服こそが、人を暗闇から引き上げる力となります**。

だから堕落した状態がムダだとか不要だとかいいませんが、それをバネにして高みに上がることが大切です。

未來　天職は生涯にひとつだけですか？

先生　いいえ、ひとつとは限りません。エマソンにいわせれば、天職が何かということよりもむしろ、ある人生の瞬間、瞬間に自分の個性を表せることのほうが重要で、厳密にいえば、そうできたときが天職を持っているときです。

必ずしも天職は銀行員であるとか医者であるとか植木職人であるとか固定された職業でなくてはならないというわけではなく、**ひとりの人間の一生のなかで、いくつ職種が**

変わっても差し支えないと思います。わたしも、今とは違う仕事をするときがやってくるかもしれません。

未來　天職というと、この道一筋というイメージがありますが、これから先、ＡＩ（人工知能）の登場でなくなっていく職業もありますから、ずっと同じ仕事を続けられない場合も増えてくる。そのときの状況に合わせて、自分が一番できること、自分を最大限に活かせることが変わっていくような気がします。

２００年近くも前にエマソンが、天職は生涯にひとつだ、といっていないところがすごいですね。

自分の伸びしろを信じて、あきらめない

未來　わたしも、これが天職だと自信を持っていえる仕事をしたいと思っています。

でも人生には、どんなに最善を尽くしても、うまくいかないときがありますよね。

先生　そうですね。行き詰まってしまって、あぁ、自分はもうここで終わりなんだと思うときもある。にもかかわらず、その限界を超えて一歩先に踏みだしてみる。それが幸福の条件だ、とエマソンはいいます。

未來　理屈ではわかりますが、実行するのは容易ではありません。問題は、一歩踏みだす勇気をどうやって奮い立たせるか。

わたしは昔、大学受験にことごとく失敗して打ちのめされていたとき、ある女性作家が書いていた「今、あなたの上に現れている能力は氷山の一角です。真の能力は水中深く深く隠されています」という言葉にすごく励まされて、立ちなおることができました。エマソンの教えからも「今、あなたの上に現れている能力は氷山の一角である」といえますか？

先生　エマソンがいろいろなところで「可能性」とか「やがては」とかいっているように、人はだれでも潜在能力を持っているという意味ではたしかにそうだと思います。

ただ「氷山の一角の下にある」というものが、あらかじめ決められている自分の持ち物みたいな意味なら、ちょっと違う。そうではなくて、これから開かれていく可能性として持っている力なら、「今、あなたの上に現れている能力は氷山の一角である」といえると思いますよ。

未來　能力といっても、気になるのは「ほんとうの自分の能力」です。

これは極端な例ですけれど、「スティーブ・ジョブズの能力」と「わたしの能力」は月とスッポン、雲泥の差がありますよね。「いや、可能性としては、あなたもスティーブ・ジョブズも同じですよ」といえるのでしょうか？

先生　可能性としては同じです。スティーブ・ジョブズはスティーブ・ジョブズの畑を耕していたわけで、わたしもあなたもそれぞれに自分の畑を耕している。耕して得られる収穫であるとか手応えであるとか喜びというのは、だれであっても同じように体験できるはずじゃないですか。

未來　……そうでした、ここが自分の畑だと思うところを耕せばいいのでした。

さっきおっしゃっていたように、まず自分にとっては容易で、やれば立派にできる何かを発見する。そして本領を発揮すれば、ほかのどんな人の仕事とも違ったものになってくるのでしたよね。

先生　エマソンはいいます。

「自分ができること、それもほかのだれよりも上手にやれることを知っているなら、その事実を万人に認められる保証をすでに握っているのだ」

つまり、わたしなんかちっぽけな存在だと思っているかもしれないけれど、実はそんなことはなくて、**わたしたち一人ひとりが自分を活かしておこなっているすべての行為は、世界が認めるような意味のあるおこないの一端になっているのだ**、と。

だから、もし、わたしたちが他人とくらべて自分の可能性を過小評価しているとしたら、それは「**万人にひとつの同じ本性が流れている事実を無視するところからきている**」というのです。

未來　エマソンが、パリの植物園でサソリを見つけたときの直観に関わる話ですね。

先生　そうです。すべての生物は宇宙をつかさどる絶対的な存在とつながっている。わたしたち一人ひとりにも普遍的な精神が流れこんでいて、今の自分を超えていける可能性を人はみんな共有している。

だから、そうした普遍性を実現するためにこそ、一人ひとりが自分の畑を耕さなくてはならない、ということです。

未來　つまり、スティーブ・ジョブズのような天才にもわたしにも同じ神性が流れこんでいる、というわけですね。それが事実だとエマソンはいうけれど、そんな事実はないかもしれない。でも、あるかもしれない。

確認のしようがないものなら、わたしはあるほうに賭けてみたいと思います。だって、それだけでなんとなく力が湧いてくるし、前向きになれますから。単純といわれれば、それまでですけれど。

先生　エマソンは、限界をつくってしまうのも自分であり、その可能性を超えられるのも自分であるといい切り、人生において「**唯一の罪は、自分で限界を定めてしまうことである**」と釘を刺します。なぜなら、人生の価値はその計り知れない可能性にあるのだから、と。

自分というものが、自分の想像を超える世界に絶えず開かれる可能性があるのだと気づけたら、その瞬間、地を這《は》っているような状況から飛躍できるのではないかと思います。要は、**自分の伸びしろを信じて、あきらめない。自分で限界を設定しないような生き方をしていく、**ということです。

心構えひとつであらゆる仕事は上等になる

先生　仕事に関するエマソンの著述のなかで、わたしがとても気に入っているのは、論文「精神の法則」のモップがけのくだりです。

「人は名前や地位や人物ではなくて、神そのものを信じなければならない。その偉大な精神がドリーとかジョーンとかの貧しく悲しい独り者の女性に宿り、彼女たちが下働きに出て、部屋を掃き、床を磨いたならば、その精神の燦然《さんぜん》たる光は覆《おお》いようも隠しようもなく、掃除はたちまち至高の麗《うるわ》しい行為となり、人間の営みの頂点にして光輝であると周囲を驚嘆させ、すべての人はモップとほうきを手にすることであろう」

前に、会社でコピーをとる仕事をするときの心構えについて述べましたが、それとも通底する話ですし、先ほどの潜在能力にも通じる話です。

エマソンは、だれにも神性は宿っている、と信じて疑いませんでした。繰り返しになりますが、神性というのは、自分を自分らしくさせてくれる崇高な何か、さらに自分を一歩引き上げていく努力を絶えず自分に誘うものです。その成果は、拭き掃除にだって現れる。つまらなく見える泥仕事も、高貴な仕事になりえる。つまり天職は、どんな職種であるかは問題ではない、ということです。

未來　いつだったか、神奈川県の總持寺《そうじじ》という曹洞宗の大本山を訪ねたことがあるのですが、そこのトイレがあまりにきれいなので感動したのを思いだしました。

若いお坊さんたちが、修行の一環として掃除をなさっているそうです。夏の盛りのことでしたが、ここで昼寝をしたいと思ったほど床は光っているし、便器も洗面所の蛇口も輝いている。気持ちひとつでトイレもこんなに美しくなるのだ、と心を打たれたのを覚えています。

掃除の仕事を見下す人もいるけれど、仕事に貴賤《きせん》をつけるのは、仕事をしている本人なんだなと確信しました。

先生　エマソンは、名高い将軍たちの時間も自分の時間も、同様に大切であるはずだと考えました。そしてだれかが、そういう位の高い人とエマソンを見くらべたとき、少しも引けをとっていないと目を見張るほどに自分の仕事を立派にやりたい、と。その流れで、このドリーとジョーンの話が出てくるわけです。

将軍は偉い仕事をしていて、掃除人はくだらない仕事をしているわけではない。**あらゆる仕事は、その人のやる気ひとつ、心構えひとつで将軍の仕事と同じくらい上等なものになりえる**ということです。

さらにエマソンはいいます。

「自分の仕事にまごころをこめ、全力を尽くしてこそ、心は安らぎ、晴れやかになるが、そうでない言行からは心の平安は得られないものである。いい加減な態度では、才能にも見捨てられ、神も味方せず、創造も希望も生まれないだろう」

今ある自分をあるがままに受け容れていく

先生　自分で限界を定めてしまうことが唯一の罪だとエマソンはいいましたが、人間がどれだけ自分で自分の可能性にふたをしてしまうのか、その危険性を見抜いていたのだと思います。

わたしも痛感するのですが、もう年だからダメだとか、学歴がこうだからダメだとか、こういうキャリアだからダメだとか、そんなふうに自分で自分に制限をかけてしまうのはもうやめませんか、と訴えたい。

自分の年齢や性別、どんな経歴をたどってきたか、というようなことを問題にしないで、今ある自分をあるがままに受け容れていく。それを互いに認め合うことが当たり前にできる社会にしたいですね。

未來　まわりを見ていると、性別や年齢でものを考える人がほとんどです。いまだに組織が男性本位だったり、就職の際に年齢が壁になったりするので、致し方ないところもあるとは思いますけれど。

先生　最近は徐々に弱められてはいますが、日本の大学の世界もひと昔前まで年齢によって物事が決められていました。ある人が今を強烈に生きるということが、生物学的な年齢では測ることのできない可能性を持っているのに、年齢をモノサシにして判断する。そういう人間の見方のおかしさ、偏りを見るにつけ、もうちょっと柔軟に物事を考えられないのだろうかと切実に思います。

未來　やる気が削《そ》がれてしまいますよね。わたしが最初に就職した商社は、男性と同じ仕事をしていても女性社員は給料が安かったり研修に参加できなかったり、男性社員とくらべると出世がずいぶん遅かった。取締役はそのうち女性の待遇を変えるつもりだと語っていましたが、ほとんどの女性社員はそのシステムに不満がないか、あっても口にだすのをはばかっていたので、わたしは組織がそう簡単に変わるとは思えなくて、辞表を書きました。

大多数が同じような意見を共有していなければ、あきらめざるをえなくなる。たとえ、そういうシステムのおかしさに気づいて孤軍奮闘《こぐんふんとう》したとしても、大きな組織を変えることなんて無理ですから。

先生 そういう、自分の内なる光を巧妙なかたちでつぶしていく社会や組織というものに負けてはいけない、と励ましてくれたのがエマソンでした。そして自分がどんなに微力でも、文化の創造者になりえるということを教えてくれたのもエマソンです。

でも現実は、エマソンの望みとは裏腹に、自分が何をどうやっても社会は変わるはずがないというニヒリズムが蔓延《まんえん》している。一人ひとりが追従状態から目覚めれば、社会はきっと変えられるはずなのに……。残念でなりません。

報われない時間が長ければ長いほど実りは大きい

未來 自ら可能性を制限したくはないのですが、年齢のことはつい考えてしまいます。

とくに、自分が精いっぱいやっていることが成果として現れてこないと、ムダに時間を費やしているような気がして……。

先生 焦ることはありません。エマソンは「努力はいちいち報われる。その報いが遅ければ遅いほど、それだけあなたには得なのだ。複利に複利がついていくのが、この世の習いなのだから」といっています。

今こつこつ自分の畑を耕していれば、やがてその努力は報われるし、世界はわかってくれる。**報われていないように思われる状態が長ければ長いほど、あとで大きく返ってくるのだ**、と。

未來 なぜですか？

先生 これは、エマソンが考える「大自然の法則」なのですが、いってみれば努力は投資だからです。投資信託などは投資する時間が長ければ長いほど、リターンも大きいということじゃないですか。

未來 投資はたしかにそうですね。投資期間が長ければ長いほど、プラスになる可能性は高くなる。でも、それがわかっていても、たいていの人は投資をしませんよね。

先生　リスクを考えるからでしょう。努力も、方向を間違えると報われません。エマソンは、どの人にも「世界中が開かれているひとつの方向」が恵まれている、と明言しています。

未來　世界中が開かれているひとつの方向？

先生　自分の可能性をこの世で最大限に伸ばしていくことができる方向です。「その方向に向かって限りなく努力を傾けてみなさい」と自分に誘いかける力をその人は持っているのだ、とエマソンはいうのです。

未來　先生は「自分のなかから、自分のやるべきことはこれだよ、と訴えかける声みたいなものが聞こえてくる」とおっしゃっていましたけど、その誘いかける力というのは、内なる光、直観のことですか？

先生　そうです。エマソンはこんなふうにも述べています。

ちょっとした逸話やある人の性格・態度・表情のわずかな特徴、わずかな出来事などが、常識で考えればそれほど重要なものではないはずなのに、なぜか強く印象に残っていく。なぜなら、それらは自分の天性《てんせい》と関係があるからだ。大事に感じるものは大事にするべきである。それらをないがしろにしてはならない。心の奥からすばらしいと感じられるものだけがすばらしいのだ。**魂の強調することはいつも正しい**、と。

つまり、自分の内側から湧き上がってくる思いを信じ、自分がほんとうに何を欲しているのか、自分にとって何が一番大事なのかを考え、表明し続けて、自分の行くべき方向を定めながらそれに向かえば、自分の個性を最大限に発揮でき、やがては報われるというのです。

正しい努力は必ず成功につながる

未來　正しい努力は報われるけれど、間違った努力は報われない、という話はよく耳にします。自分の適性に合ったものに対して努力をすれば報われる、というのだけれど、適性をどうやって見つけるのかが問題ですよね。

ある人が、**自分は大して努力していないのに他人からすごいと認められること**、たとえば文章がすごくうまいねとか、料理が上手だねとかほめられるところがあなたの適性だ、と話していましたが、あぁ、なるほどな、と思いました。

先生　それが、エマソンのいう「自分にとっては容易で、やれば立派にできる何か」なのかもしれません。

その何かが自分の精魂を傾けられるようなものなら、そこが自分の畑であり、自分の畑を耕すことが正しい方向あるいは正しい努力であり、エマソンも「**正しい努力が成功をおさめなかった例《ためし》はない**」と請け合います。

未來　もしも今、自分の努力が報われていないと思っていても、そこが自分の畑であるという確信のもとに、粘り強く耕せば耕すほど、実りをたくさん手にできる、ということですか。

先生　そうです。遅ければ遅いほど、長ければ長いほど、というのは、とてもエマソンらしくて、論文「アメリカの学者」のなかに、学者は何年もの間、いばらの道、闇のなかを歩かなくてはいけない、という記述があります。エマソンの著書には折にふれて、そういう暗い局面が出てくるのですが、そこをくぐり抜けると必ず光が待っている。そういう話だと思います。

要するに、今はどんなに苦しくても、幸福につながるであろう一歩一歩を着実に歩んでいる。その歩数が多ければ多いほど、道のりが長ければ長いほど、望外の喜びが用意されている。

だから苦しくても自分を信じて歩いていこう。なかなか報われないと思っていても焦らずに、ほんとうに自分のやりたいことは何なのか、あるいは今自分がやっている仕事のなかで自分にしかできないこと、自分の得意なことは何なのか、それをつねに問いなおし考えながら行動して、愚直に進めばいい、ということです。

未來は帰り道、電車に揺られながら先生の話を思い返していた。

人生に安定を求めるのは幻想であり、不安定な状態でこそ地に足のついた思考力が身につき、不安を希望に変えていくことができる。人間には、今の自分を超えていける能力がそなわっている。唯一の罪は、自分で限界をつくることなのだ。

先が見えなくても、自分の内なる光を頼りにどう行動するかをよくよく考えて、そのときどきに自分が進むのはこの道だという確信のもとに一歩一歩前進していれば、いつかはきっと報われる。努力が報われないときは、貯金をしているとき。将来、利子に利子がついて大きくなって返ってくるのだ！

未來は、そう信じることにした。

第4回

本物の友情が自分を高めてくれる

永遠に続く友情などありえない

先生　何かありましたか？　ひどくお疲れの様子ですけれど。

未來　前にお話しした友人に、絶交されてしまいました。呼びだされて久しぶりに会ったら、またブログの話でフォロワーが増えたとかなんとか浮かれているものだから、先生にうかがった話をしたのです。他人にいくら承認されても自分が自分を承認しなければ、ほんとうの幸福にはつながらない、支持してくれる人が増えるにつれて人間は弱くなるそうよ、と。

そしたら、わたしに嫉妬しているのでしょう、と返されて。険悪な雰囲気になって、もう会わないと宣言されてしまいました。20年以上も付き合ってきたのに、こんな結果になるなんてむなしいというか情けないというか……。

エマソンは自己信頼には他人や友情が必要だといっていましたよね。その友情って、どういうものなのですか？

先生　人生には自己信頼がもっとも大切だというエマソンの友情は、わたしたちが通常考える友情とはかなり違います。

繰り返しますが、対人関係がなかったら自己信頼はありえません。なぜなら、いつも揺るぎなく自分を信頼できるわけではなく、自信が薄れているときに自分を支えて叱咤激励してくれる他人との出会いや友情が欠かせないからです。

未來　しかも自己信頼に必要な思考を発展させていくためには、人との対話が必要だとおっしゃっていましたよね。そういう観点からエマソンが考える友情とは、いったい何なのですか？

先生　端的にいうと、お互いを高め合うことです。極論すれば、自分が相手によって高められたと感じる瞬間の関係性がエマソンの考える真の友情であって、いつまでもダラダラ続いているものではありません。心から信頼し合える友人ができたから安泰というわけではなく、いつ消えてなくなってしまうかもしれない。エマソンにいわせれば、そもそも友情は「束の間の現象」なのです。

未來　束の間の現象？　もしそうだとしたら、幼なじみや昔ながらの友人というのは、大して意味がなくなるじゃありませんか。

先生　エマソン自身が、いっしょに悪ふざけができる余裕を持てることが古い友人の恩恵のひとつだといっているので、意味がなくはないのでしょうが、少なくとも年に一度会って旧交を温めるような関係は、エマソン的な友情ではありません。別にそれが不要だとはいいませんし、あってもいい関係かもしれませんけれど。

この「束の間の現象」というのは、エマソンの人生観を表しています。エマソンは東洋的な思想、とりわけインド思想の影響を受けて、万物は移り変わるという、ある種のはかなさを背負っていました。7歳で父親と死別し、兄弟や妻子を亡くした経験もあったからでしょう。

エマソンが論文「経験」のなかで、「**万物はつかもうとすると、指の間から砂のようにすべり落ちてしまう。このとらえがたさ、はかなさが人間の境遇のやっかいなところだ**」と述べているように、自分にとってかけがえのない友人であっても、何かのきっかけで関係がもろくも崩れていく。

万事は移ろいゆくのが大自然の法則なのだから、友情が永遠に続くなどと思っていたらとんでもない。逆に、**自分を高めてくれたならそのときは大いに感謝して、そのあとはいなくなってもしょうがない、と覚悟する。**友情というのは、永らえない哀しさを内包したものだと思います。

未來　なんとも寂しい話ですねえ。

「認め合う会話」から「触発し合う会話」へ

先生　話を進める前に、友情にも自己信頼にも欠かせない会話の重要性について改めて説明しておきたいと思いますが、いいですか？

未來　もちろん。お願いします。

先生　以前、他人に認めてもらいたいという承認欲求の話が出ましたが、エマソン的な会話の概念というのは、受容と触発であって、承認を得ることが目的ではありません。**他人を受け容れ、自分も受け容れてもらい、お互いに刺激し合って高め合うことに会話の意味がある**のです。

未来　「相手を受け容れ、自分も受け容れてもらう」というのは、お互いを承認することにはならないのですか？

先生　いわゆる承認というと、その人の存在価値を認めること、いってしまえば、今、その人に評価できる何かがなければ認められないということでしょう。

エマソン的な会話において相手を受け容れるという意味は、相手のありのままを受け容れること。相手が人生のどん底にいるような状態であっても受け容れる。相手が生きる気力も萎えて、もがいている、その苦しみや哀しみ、声にならない声にまで耳を傾ける。同時に、相手によって自分の考えが揺さぶられ崩されようとも相手のあるがままを受け容れる、というのがエマソン流の受容です。

承認も会話の一面であるかもしれませんが、それはエマソンのいう会話のプロセスを経て、あとからついてくるものであって、そのプロセスや精神を共有できる相手と出会うことのほうが重要です。

未來　精神を共有できる相手とは、どういう人なのですか？

先生　**自分のなかに眠っている大事なものを目覚めさせてくれるような相手**です。

皮肉なことに、わたしたちは自分というものが一番わからないし、自分がほんとうに望んでいるものを見失うときがあります。

エマソンの論文には「偉人」とか「偉大な人の声」という表現がよく出てくるのですが、そういうものに邂逅《かいこう》することによって触発されて、自分が忘れていた、あるいは自分が抑圧していた欲求を思いだすわけです。

未來　他人の言葉にふれることによって、自分を縛っていた考え方やものの見方から解放される、とおっしゃっていましたよね。

先生　ええ。相手の言葉に触発されたなら、プラトンの「洞窟の比喩」ではありませんが、今まで自分が閉じこめられていた牢獄のような状態から、あっ！　と世界がいきなり開けることがあるのです。

相手の側から見れば、自分の意見がほかの人と共有できる考えなのだと気づいたら、幸せを感じるでしょう。そういう前向きな語らいが、エマソン的な会話なのです。

未來　そういう会話によって、**お互いを高め合うのがほんとうの友情**だとエマソンはいうわけですね。

楽しさを共有する友情はマガイモノ

先生　エマソンによれば、自分を自分たらしめているものがわかり合える人同士が出会って触発し合えることこそが、友のいる幸せだといいます。

論文「友情」に、「学者がすわって書きものをしようとする。ところが、長年、瞑想《めいそう》の生活を続けてきていても、ただ一片のアイデアも美しい表現も浮かんでこない。そのときは友だちに手紙を一本書く必要がある。──そうすれば、たちまち、おだやかな思想が大挙して現れ、選りぬきの言葉で装いを凝らしてくれる」と綴っています。

わたしたちはたいてい、日々の雑事に埋もれて自分にとって一番大切なことを忘れてしまっている。しかし、エマソンがいうように友だちと相対するとき、自分の一番大切なものが生き生きと思いだされる瞬間がある、と。そういう経験はありませんか？

未來　一度もありません。友だちといえば、普通は、おいしいものを食べたり飲んだりしながらおしゃべりして楽しい時間をともに過ごし、つらいときには愚痴をこぼし合い、慰め合い、励まし合うものでしょう。エマソンは、そういう関係をどういうふうに考えているのですか？

先生　堕落《だらく》した友人の形態だといいます。

未來　えーっ！　堕落した友人関係ですって!?

先生　エマソンは、**それぞれが自分を信頼し、自分を高め合うことがなかったら、友人の意味はない**、とまでいい切っています。

未來　じゃ、わたしのことは何でもわかってくれていて、家族のことも知っていて、何かあると飛んできて助けてくれるような関係は？

先生　必ずしも本物の友情ではない、ということでしょうね。エマソンは「友だちの無数の具体的なことがらについては、いつも知らないままにしている」のが友情であり、ただ純粋に自分と交流するのではなく、どこに住んでいて、どのような家族がいて、どういう生い立ちで、どんな生活をしているのか、というようなことを知ろうとするのは偽物の友情だといっていますから。

未來　偽物⁉　エマソンにいわせたら、世間の人が友情と思っているもののほとんどがマガイモノになるということですか？

先生　そうかもしれません。世間話をしたりニュースを伝え合ったり、自宅に招待してごちそうしてくれたり、娯楽を共有したりするような関係は友情ではなく、「安価な仲間」だといいます。

多くの人は、お世辞や贈り物の交換で自分の本音を覆い隠して、相手に調子を合わせ自分の本音を仲間に明かすことはない。友だちを求めるにしても敬虔《けいけん》な気持ちではなく、相手の名声や地位に引きよせられて、ほとんどの人は媚《こび》を売っている。**交際はすべて妥協の産物であるに違いない**、と。

未來　ずいぶんと上から目線の考え方ですね。

最高の人生を送るためにベストな自分であれ

先生　エマソンの思想をエリート主義と批判する人も少なくなかったようです。でもわたしは、**自分のなかでこれが最高だと思える人生を送るためにはベストな自分であれ、**とエマソンはエールを送っているのだと思います。そうあるためには自己信頼が必要であり、本物の友情が必要なのだ、と。

未來　では、自分で最高だと思える人生を生きるために大切な友情とはどういうものか、もう少し教えてください。

先生　エマソンは「**人生においてわたしたちがもっとも必要とするのは、わたしたちに、自分のなしえることをなさしめてくれる人間である。これこそ友人というものが果たすべき役割といえよう**」といっています。

この「なしえることをなさしめてくれる」というのは、「なしえるのだけれど、まだなしていないことをなさしめてくれる」ということです。

未來　ああ、ややこしい。

先生　要するに、自分はなしえるのだな、という気づきを与えてくれる存在。あるいは、自分がやろうと思っていることを、一歩進んで先に達成している存在の場合もあります。

それこそが友人で、そういう人とともにあるとき、「わたしたちは容易に偉大な人間になれる。友人のなかには、わたしたちの内部にある美徳のすべてを引きつける崇高な力が存在するのだ。生の扉を広く開け放ってくれるのは友人なのだ。わたしたちがさまざまな問いを投げかけるのも友人なのだ。まったき理解が成立するのもふたりの間においてだ」というのです。

未來　隙《すき》のない完璧な友人関係というか、ものすごく高尚な友情ですねえ。そういう友人といっしょにいて、果たして楽しいのかしらん。

先生　エマソンは「わたしのために新たな世界をつくってくれる、こうした愛情のほとばしりほど楽しいものがほかにあろうか。ふたりが正しく、しっかりと、ひとつの思想、ひとつの感情のなかに結び合うことほど感激することがほかにあろうか」と、かなり生き生きとした感情レベルで友情について描いています。それは、わたしたちが通常、友だちに抱く感情を超えた、もっと高度な人間の感情です。

未來　そんな友情を持っている人が現実にいるとは信じがたいですが、自分で最高だと思う人生を歩くには、そういう友人が必要だとエマソンはいうのですね。

友人関係を深める「一対一の法則」

未來　では、エマソン的な友情を得るには、どうすればいいのですか？

先生　友人関係を結べる条件は、まず親和性だといいます。エマソンが、友情にはお互いに似ているでもない似ていないでもないという珍しい中庸《ちゅうよう》が必要である、というように、似た者同士でもよくないし、まったく似ていなかったら引き合うものもない。だから違っていなくてはいけないし、相通ずるもの、引き合うような同じ部分も持っていないといけない。

未來　お互いに似ているようで似ていない人は、まわりに少なからずいます。

最近は、そういう仲間と集まって会食をする機会が多いのですが、話したかったことがつい話せず、会が終わるといつも消化不良のような気がします。それぞれ環境が違うから、この人にはしゃべれるけれど、この人はどう思うかなとか、余分な配慮がどうしても働いてしまう。

気の合う友だちと会って話すのはもちろん楽しいのですが、自分が悩みを抱えているときなどは、かえってストレスになることもあります。

先生　**エマソンのいう友情には、「一対一の法則」が絶対に必要です。**もうひとり交じってくると、不純になるというのです。

親和性を一番純粋なレベルで友情に発展させていくためには、「わたしとあなた」というかたちで向き合うこと。それ以外の人がいないほうが、ふたりの間の話の密度が維持できる。聞きたいことが聞けて、ほかの人に気兼ねなく答えられる。なぜなら、「偉大な会話は、ふたつの魂の絶対的合一を要求するからだ」と。親和性を純粋に実現するなら、やはり一対一でしょう。

未來　友人とはふたりきりで向き合うべきだということですね。

先生　ええ。そして何より「ほんとうのひとつがありえるためにはまず、ほんとうのふたつがなくてはならない」とエマソンはいいます。これには二重の意味があります。

　ひとつは、友情の一体化を実現するにはふたりの独立した自己がなくてはならない、ということです。もうひとつは、真の友情のなかで認め合うことによってこそ、わたしは一個の人になれるということです。その意味で、独立や孤独は最初からあるものではなく、達成されてゆくものです。

未來　まず、自立した人でなくては真の友情は手に入れられない。そして、エマソンは「追従に流されず、群衆のなかにあって個人であり続けよ」と鼓舞しましたが、真の友情によって、わたしたちは群衆のなかで個人であり続けられる力を培うことができるということですか？

先生　そのとおりです。**ひとりでも生きていけるという人同士でなければ真の友情はなりたたないし、真の友情があるからこそ人はひとりになりえる**のです。

だから、**相手に依存したり相手を独占したいと思うような関係は、友情とはいえない。**自分を自分たらしめているものがわかり合えることがエマソン的友情の条件ですから、自分らしさというものがよくわからない状態で相手に同化してしまう、あるいは、「そうだよねえ」と簡単に合意してしまうのは友情ではありません。たとえ、どんなに仲よくなったと思っても、どんなにその人のことをわかったと思っても、絶対に自分のものにはなりえない存在が友人です。

嫉妬があるうちは、ほんとうの友ではない

先生 エマソンはこうもいいます。「友だちを自分のものとして、わたしの感ずる唯一の喜びは、自分のものでないものが自分のものだからである」と。

未來 出ましたね、エマソン独特のパラドックスが！　どんなに仲よくなったと思って

も、決して自分のものにはなりえない存在が友人である、といったくせに。自分のものではないけれど、自分のものだから、とは！　納得のいくように説明してください。

先生　前にお話ししたように、友情には「似ているもの」と「似ていないもの」の絶妙な中庸が必要だとエマソンはいいました。

つまり自分に似た存在ではあるものの、まったく異なる存在でもある相手と友情を結ぶには、その葛藤を引き受けなければならない。相手がわたしと異なる存在であるからこそ、わたしはその人をわたしの友とみなしうるということです。もし、相手がわたし、を喜ばそうとしてわたしのいうことすべてに同意するなら、その人はわたしの友ではありません。

そして、わたしの幸福はわたしを超えるところにあるというのが、エマソンのいわんとするところです。これは西洋の個人主義を超える発想であると同時に、自分をなくして相手を最優先させる発想とも異なります。

エマソンは「友だちの業績は、まるでそれが自分の業績でもあるかのように誇りを感じ、友だちの徳行《とっこう》には一種の所有権を感ずる」と述べています。

未來　そういう経験を先生はなさったことがありますか？　友だちの立派な行為が自分のものであるかのように感じられたことが。

先生　ええ。あるとき、深いところで思想を共有する友人が、すばらしい論文を書いて国際学会で認められたことがありました。そのとき、こんなにすごいことを達成してくれて、と自分が賞をいただいたかのようにうれしかったのを覚えています。

　同時にそれは、わたしができないこと、その人にしかできないことを達成してくれたという意味で、決定的に友人と共有できないものをわたしに知らしめてくれた経験でもありました。

　いいかえれば、**わたしたちは違いや意見の不一致を認め合うなかでこそ、真の友になりえる**ということです。

未來　同調したり嫉妬したりしているうちは、本物の友情ではないということですね。

　正直にいうと、わたしは友だちの成功を心の底から喜べません。ゴア・ヴィダルというアメリカの小説家は「友人が成功するたびに、わたしは少しずつ死んでいく」といったそうですけど、そういう思いがわからないでもない。

自分がスランプに陥っているときに、友だちが仕事で成功したり公私ともに充実していたりするのを見ると、うらやましさを通り越してねたましくなる。わたしだってこんなに頑張っているのに、彼女たちは運がよかったんだ、とひがんだりもする。例の友人に対しても、今のわたしとは裏腹に、あまりに屈託がないので嫉妬していたのかもしれません。

先生　だれにでも、そういう気持ちを持つことがあるのではないですか。エマソンだって、こういっています。

「この世の楽しみは愛であるが、友だちがいれば自分の欠点に悩まされる。わが身が可愛ければ相手のことを悪くいう」

でも、真の友情を結ぶことができれば、嫉妬もねたみもなく、尊敬の念と喜びが生まれてくるはずです。

自分の可能性に気づかせてくれるのが友情

未來　では、どうやったらそういう友だちと出会うことができるというのですか？

先生　エマソンはこう述べています。

「高潔な人びとがわたしたちをはねつけるなら、押しかけていく必要がどこにあるだろう。手はずも、紹介も、社会の慣習や風習も、そんなものは高潔な人びとと自分たちの望むような関係を結ぶ上で何の役にも立たない。それを可能にするのは、ただ、わたしたちの内なる性質を彼らの内なる性質と同じ水準にまで高めるだけである。それができれば、水が水に合うようにわたしたちは彼らに会う」

未來　簡単にいえば、自分のレベルを上げろ、ということですね。類は友を呼ぶ。すばらしい人と出会いたいなら自分がすばらしい人になれ、と。至極もっともな話ですけれど、それがたやすくできるなら、こんなに悩みません。

先生　エマソンは、ほんとうの友人は自分から求めてやってくるものではないという話も随所に書いてあり、たとえば「わたしの友は求めずして、わたしを訪れてきた。偉大な神が彼らをわたしに与えたのである」といっています。

未來　えーっ！　ここまできて、最後は神頼みですか？

先生　エマソンは「同じ水準にまで高めるだけである」といったり、「骨を折り犠牲を払って追い求める必要はない」といったり、能動的なところと受け身の姿勢が入り混じっています。求めよう求めようとして得られるものでもないし、自分が何もせずにあぐらをかいていればやってくるというものでもない。いつものパラドックスというか、同時並行性です。

たとえば友だちという存在を見なおしてみようというふうに自分から動かないと本物にはめぐり合えない。その一方、相手からやってきてくれることもある。エマソン流にいえばギフト、神の贈り物でもある、というわけです。

未來　うーん、よくわかりませんが、先生はそういう出会いをなさったことがあるのですか？

先生　印象深いのは、スタンリー・カベル先生との出会いです。わたしは会社を辞めてから、アメリカの大学院でアメリカ哲学の研究をしたあと、日本の大学院にも入ったのですが、どうしてもまたアメリカで研究を続けたくて、再び留学しました。最初に出会った教授と研究するつもりで行ったのですが、わたしの論文を読んだ人から「カベル教授にも会って話をしたほうがいい」とすすめられたのです。

カベル先生を訪ねた日は朝から雪でした。その大学は、エマソンが生まれ育ったニューイングランドのボストンと川を隔てたケンブリッジにあり、古い研究室の窓の外では雪がしんしんと降っていたのを今でもはっきりと覚えています。そして凍《い》てつくような静寂のなかで「あなたの関心は何か」と聞かれ、「デューイとエマソンの葛藤に関心を持っています」と答えたら、カベル先生が「ああ、わたしもそこにすごく共鳴する」といってくださった。

その葛藤というのが、まさに自分であることと、共同体や他者との葛藤なのですね。ジョン・デューイという哲学者は社会性を非常に強く志向し、共同体や他者との相互作用というものを重視して前面にだす人で、一方、エマソンはご存じのように「群衆のなかにあって個人であり続けよ」という人ですから。

未來　同時にエマソンは、大勢のなかで自分が自分らしくあるということがいかにむずかしいかも打ち明けていましたよね。

先生　実は、その葛藤は、わたしの個人的な葛藤にも関わっていました。いろいろなものを日本に置いたままアメリカに飛びだしてきて、好きなことをやっているという現状に対する不安や、日本の社会の輪のなかにもどっていかなければいけないのか、あるいはもっと安定した生き方をしなくてはいけないのか、という迷いもあったわけですね。

初対面の先生に個人的な悩みを打ち明けるわけにはいかないけれど、口にはださなくても、そういう心の内をすべてわかってくれたような気がした。人間はそういう葛藤を抱えていてもいいんだよ、といってくださったように思ったのです。そのとき、わたしはカベル先生にエマソンのいう「友情」を感じてしまいました。

未來　初対面で友情を感じるなんてことがあるのですか？

先生　繰り返しますが、エマソンのいう友情は、わたしたちが考える通常の友情とはかなり違います。覚えていますか？　人生においてもっとも必要なのは、わたしたちに、自分のなしえることをなさしめてくれる存在であり、これこそ友人というものが果たすべき役割だ、とエマソンがいったことを。

未來　あのややこしいくだりですね。なしえるのだけれど、まだなしていないことをなさしめてくれる。つまり、**自分はまだなしえるのだな、という気づきを与えてくれるのが友情である**、と。

先生　そうです。カベル先生との会話が、わたしにエマソンを研究することが自分にとっての天職である、という確信を与えてくれたのです。

今思えば、先生との出会いは、偶然でもあり、運命的でもありました。お会いしたときは偶然でしかなかったわけですね。わたしは当時、日本の大学院に在籍していたのですが、自らの直観に従って、すべてを捨ててアメリカへ行ったらカベル先生に偶然、出会えた。いわば保証のないところで賭けに出たわけです。でも、もし別の行動をしていたらカベル先生には出会えなかったでしょう。会うべくして会ったという意味では、運命だったと思います。

運命と偶然は背中合わせになっている気がします。すべてが保証されているわけではないけれど、**その人がこの世に生まれて自分の内なる光を信じ、これだと思う道をたどっていったら、起こるべくして起こることと**なのかもしれません。

未來　カベル先生との出会いのお話をうかがっていて、ふと思ったのですが、自分らしく生きたいという自己信頼への欲求が高まってくると、本物の友情を結び合える人と出会えるのかもしれないですね。

先生　そうだと思います。自分を高めたい、高めよう、高めなければいけない。高めなければいけないと考えるところに、ある種の恥というか、今の自分は何か物足りない、つまらない、こんなことでいいのか、という不満足の状態がある。人生にはもっとおもしろいことがあるはずだとか、もっと自分にはできることがあるのではないかとか葛藤して、自分が高まりたいという欲求があるときに、その自分の落ちた状態に気づかせ、自分を高めてくれる他人、エマソン流にいえば「偉人」は訪れる。それを「ひとつの大事件である」とエマソンはいっています。

だから求めてばかりいてもこない反面、求めようとしなければくるものでもない。偉大な人から触発されるためには自分の受け容れ態勢が必要であり、それがなかったら偉人は目の前にいても素通りしてしまうかもしれない。そういう意味では訪れるものでもあるし、求めるものでもあります。

未來　でも、そう簡単にめぐり合えないからこそ、友だちはかけがえのない存在なのかもしれません。よく友だちをつくるとか、友だちを選ぶとかいいますが、とんでもない思い違いかもしれないですね。

「あなたらしくない」といい合えるか

先生　エマソンは、友情を深めるのに役立つふたつの要素があるといいます。ひとつは「真実」であると述べています。

この「真実」とは、自分の本心を打ち明けられるということ。「**だれしもただひとりのときは真実なものだ。別の人が入ってくると偽善がはじまる**」とエマソンがいうように、他人がいるとどうしても自分に正直でいられなくなる。しかし、その友人の前ではひとり言をいいながらでも考えられるくらい、お互いにありのままで付き合うことができ、自分が自分であることを実感できる関係である、と。

未來　自分の弱みも見せられるってことですね。見栄もなく、卑下《ひげ》もせず、ありのままの自分で付き合う。それって一見簡単そうだけれど、実際にやろうとするとむずかしそうですね。

先生　エマソンは、「**自分自身の道を守って離れなければ、くだらない人は失っても、偉大な人を得るだろう。虚偽《きょぎ》の関係が結ばれる恐れがいっさいないように、自己をまるだしにすることだ**」とまでいっています。

未來　自分をまるだしにするなんて！　わたしにはとても無理です。

先生　もちろん、だれの前でもそうしなさいといっているわけではありません。友情を育みたい相手の前でだけなら、できるでしょう？

　初めはちょっと抵抗があるかもしれませんが、一度やってみると、あとは楽でいいですよ。いい人に見られようなどと無理をせずにすみますから。

未來　先生は、まるだしになさっているわけですね。で、もうひとつの条件というのは何ですか？

先生　やさしさ、です。

未來　へえ、エマソンらしくない凡庸な条件ですね。

先生　でも、普通のやさしさではありません。具合が悪いときに看病するとか、失敗したときに慰めるとか、いいことがあったときに贈り物をしたりパーティーを開いたりするとか、そういうやさしさではなく、ある種の厳格さ、堅固さを持ったやさしさです。

未來　どんなやさしさか、イメージできません……。

先生　友人が自分のよさを発揮できずに、おかしな方向へ人生を踏みはずそうとしているとき、自信をなくして堕落してしまいそうなときに駆けつけて、「あなたらしくないよ」と厳しく指摘するやさしさです。決して慰め合うような間柄ではなく、自分と相手を互いに律することができる関係です。

エマソンとソローは友人でしたが、カベル先生は、ふたりの友情は「承認の衝撃」を与え合うものだといっています。今は他者に認められたいという承認欲求が強い時代だといわれますが、認め合うというのはお互いに打撃を与え合うような関係である、と。「あなたってすごいわねえ」とほめられて浮かれているような生やさしいものではなく、「なんてことをいってるの、あなたらしくもない！　おかしいわよ！」と意見されても、対話することを決してあきらめない。

未來　じゃ、お互いに尊敬していないとダメですね。

先生　そうです。相手を一個の人間として認め尊敬して、とことん信頼していなかったら、痛烈な言葉を交換することなどできません。**ちょっとやそっとの対立では関係が壊れないと信じているからこそ、厳しいこともいい合うことができる**のです。

ほんとうに相手を認めるというのは、いざとなったら相手を突き放すようなところまでいける関係でもって、相手をまるごと受け容れることです。

未來　本音をいって絶交されたわたしと友人は、お互いに心の底から尊敬し合うという気持ちが足りなかったような気がします。

親友はみごとな敵でなくてはならない

先生　「ふたりが対話するとき、どちらも全世界を代表するようにならなくては、ふたりの間に深い平和は絶対になく、相互の尊敬も絶対にない」とエマソンはいいます。

未來　その「全世界を代表する」って、ちょっと大げさすぎませんか？

先生　平たくいえば、わたしがいっていることは世の中にもきっと通じるはずだ、という確信が持てるほど自分を信頼している状態のことです。この言葉の背景にあるのは、エマソンがパリでサソリを見つけたときの直観です。

未來　覚えています。人間は、宇宙の万物とつながり合っている。ひいては宇宙をつかさどる「神」とつながっているのだから、だれでも普遍的な存在になれるはずだ、と。

先生　そうです。人は自己信頼を深めれば深めるほど普遍的な存在になれるのだから、自分の真実はやがてはすべての人にとっての真実になると信じることだ、というエマソンの自己信頼の土台となる考え方です。つまり、**ふたりが対話をするとき、それぞれが自分の考えは世の中にも通じるはずだと思うくらい自分を信じていなければ、お互いに心から尊敬できる関係を築けない**、とエマソンはいっているのです。

未來　その考えに立って、先生ならどういう話をなさいますか？

先生　たとえば「エマソンの友情は本質をついています。なぜなら、尊敬し合い高め合うことができなければ真の友情ではない、といっているからです」と。わたしが確信を持ってそれを口にしているときは、ある程度は世の中に通用すると思って話しているわけです。

未來　でも、もし仮に聞いた相手から「うーん、意味がよくわからない」といわれたら、自信を失いませんか。

先生　失うでしょうね。前に少しふれましたが、自己信頼というのは、直観を信じ、それを自分の言葉にして考え、勇気を持って他者に語り、そして今おっしゃったように、自分の足場を揺さぶられて自己喪失を重ねながら獲得していくものです。

ときには他人に誤解されたり理解されない時間をたくさん過ごさなくてはいけないか

もしれません。そうであっても、あきらめない。
自分がこんなに一生懸命に考えて話したのにだれも認めてくれなかったというときに、人に媚びるのではなく、他者の意見との違いを真摯に受け止め、またそこで自分の考えをつくり替え、発展させていく。それを自分自身の言葉で語って、人の心を動かすことができたら、自分を信じられるようになるでしょう。

未來 相手によります。ちゃんとわかってくれる人じゃない限りは、信じられません。

先生 だから、エマソンのいう友情を結ぶ相手は、自分を自分たらしめてくれる人、自分にとって一番大切なものを評価してくれる信頼できる人なのです。**そういう友人がひとりでもいれば、ほかのだれに理解されなくても、自分に正直に生きていけるはずです。**エマソンの言葉を借りれば、群衆のなかにあっても、個人であり続けることができるでしょう？

未來 はい、できそうな気がします。

先生 そういう相手だからこそ、「そんな考えはおかしい」と反論されても、「いや、わたしはこう思う。なぜならば」といえる。相互の尊敬を得るためには、違いを認め合い真剣に向き合わなくてはいけない。どちらかが緩んでいたらダメなのです。

未來　ああ、それがさっきの「承認の衝撃」ですね?

先生　そうそう、それを今、わたしも話そうと思っていました。衝撃を受けながらも、相手を心から敬《うやま》う。これもエマソン独特の表現で、「親友はみごとな敵である」という。

未來　何ですか、その奇抜な表現は。どういう意味ですか?

先生　これもエマソンのパラドックスです。敵なのだけど立派である。立派であるのだけど自分の味方ではない。つまり親友は、わたしが尊敬する愛してやまないあっぱれな人なのだけど、自分とは違う考えを持ち、それをはっきりと主張する。わたしにとって永久に馴らすことができない相手であり、ぶつかり合う関係である。だから永遠に味方にはなりえない、みごとな敵だというわけです。

未來　わたしは、どんな状況でも絶対に自分の味方でいてくれるのが親友だと思っていましたが、エマソンの考えは全然違うのですね。

先生　その人といたらホッとして心が安らぐというのも友情かもしれませんが、それだけでは自分を高めることはできない。エマソンは「こんな人と話すとき、行動するとき、どのような関係に立ったものかと迷い、不安でおびえ切っている。その同じ思いが相手との対話を高める」と書いています。

そういう意味では、自分をすごくドキドキさせたり自分の至らなさを恥じ入らせたりする相手であり、むしろ自分を不安定にさせる関係だといえます。

未來　ひぇ～！

孤独を知らなければ人間関係は築けない

未來　エマソンのいう友情の重さ、すごさはわかりました。でも、そういう友情を結べる相手とめぐり合えなかったり、親しい友人と別れてしまったりした場合は、どうすればいいのですか？

先生　エマソンのいう友人は、必ずしも今、目の前にいなくてもいい。カベル先生が、エマソンの親友だったソローの言葉を引用して「もっとも遠い土地に住んでいる、もっとも近い親戚」というように、遠い土地に住んでいながら、近しさを感じられるような人であっても構わない。

未來　今でいうなら、何かで知り合って遠いところに住んでいるけれど、たまにやりとりしているごく親しい人、みたいな感じですか？

先生　イメージ的にはそうですね。わたしの話をすると、若いころは日本とアメリカを行ったりきたりしていたので、そもそも距離的に近いところにいる人しか信頼できないという感覚があまりありません。

一番信頼できるのは、遠くに離れていても、自分のちっぽけさや、自分の頭から離れない悩みの小ささに気づかせてくれたり、自分には追求しなくてはいけない大事なものがあるのだと目を開かせてくれたりするような偉大な思想を持った人です。

そばにいる人が、いつも近くにいるからという理由だけで一番信頼できるなどと考えるのは、幻想だと思います。

未來　でも、遠くにもいない場合はどうすればいいのですか？

先生　そういうときは、自分を一歩上に引き上げてくれるような存在、自分は本来偉大であるということを知らしめてくれる存在とつながっていればいいのですから、別に本の著者であってもいい。それこそ、エマソンでもいいと思います。

会社に勤めていたころのわたしには学問のことを話せる人がだれもいなかったので、エマソン的友情は本から得ていました。

未來　エマソンの本を読んで、その思想にふれることによって、内なる光を発見して、消えかけていた情熱を思いだしたと話されていましたね。でも、自己信頼には友情が必要だとおっしゃったではないですか。

先生　もちろん友情は必要です。しかし、もっとも重要なのは**他者との対話をきっかけに、自分で自分を高めていくこと**です。つまり徹底的に自分と向き合う時間がなければ、自己信頼を深めていくことはできません。

前にもいったように、エマソンにとっての友人というのは、孤独感を癒したり寂しさを紛らわすためにいっしょにいてくれたりする相手ではありません。**むしろ孤独であることを耐え忍ばなくてはいけない**、ということをエマソンは随所で語っています。孤独があるからこそ自分と向き合うことができ、自分にとって重要な人が現れたときに響き合えるのだ、と。だから、孤独とあたたかい友情はセットになっている。

つまり孤独を知っている人でなければ、エマソンの友情はなりたたない。同時に、友人がわたしをひとりの人として認めてくれることによって、わたしはその人なしでも生きられるようになる力を得るのです。

未來　ひとりでいることもできないと、他人に依存することになる。しょっちゅういっしょにいると、お互いに刺激もなくなりますよね。

自分をより高めるために、ときには親しい友と距離を置く

先生　エマソンはいいます。より高い水準において再び会うために、よりいっそう自分というものを高めるために、もっとも親しい友だちにも別れを告げてみよう。まったく

違う人と出会うことになるかもしれないけれど、自分を高められる状態をつくるためには、ある種の孤立というものが必要である。なんなら人間の絶対的孤立を感じようではないか、と挑発します。

未來　辛辣《しんらつ》ですね。友情を利用して自分を高め、相手が役立たずになったら切り捨てなさい、といってるようにも聞こえますが……。

先生　そうではありません。エマソンは何度となく友人の大切さを訴えています。

たとえば「この5年間によい友人を持っていたかどうかということは、自分が何をしていたか、という問題におとらず重大である」といい、「聡明な、実り豊かな友人とともに暮らせば、この人生は2倍にも10倍にもなる」と明言しています。

ただ、エマソンにとっての友情とは互いに高め合うことであり、親しい友であっても、響き合えなくなったら親友ではなくなってしまう。「大自然の法則は永遠の交替である」と直観したエマソンは、「わたしたちは友との会話や交際を高めるために一時期は孤独で過ごすのだ」と考えたわけです。

だから、「**より高い水準において再び会うために、よりいっそう自分というものを高**

めるために、もっとも親しい友だちにも別れを告げてみよう」といったのです。

未來　ひょっとしたら、親友との別れは、再び会って、よりよい関係を築くためなのかもしれない、と？

先生　そうかもしれません。自分が高まりたいという欲求があるときに、自分を高めてくれる他人、エマソンの言葉を借りれば「偉人」が訪れるといいましたけど、その偉人はまったく知らなかった人かもしれないし、あるいは別れた友人が、「偉人」として現れなおすのかもしれない。

未來　エマソンの友情は「束の間の現象」だとおっしゃっていましたけど、それが同じ相手と途切れながらも続くことがあるということですね。

先生　そういう可能性もあります。エマソンは、一時期ソローと不和になったものの、ソローが亡くなるまで彼を親友と呼んでいたといいます。自分を高めたいという意欲がありさえすれば、長い時間をかけて、お互いを高め合えることもあるわけですね。

だから、エマソンのいう完璧な友情は、求め続けるものなのかもしれない。あるいは、今築いている関係も、永遠に高められるべきものなのかもしれません。

エマソンは、こういっています。「ダイヤモンドはいく時代もかけてできあがるものだ。永遠なるものの誕生を早めようなどと思ってはならない」と。

未來　ダイヤモンドのような友情ですか。

先生　そうです。もしかしたら今いる友だちがその原石かもしれない。いつもとは違う目で相手を見ることができたなら、実は自分にとってこんなにも大切な意味を持っていた人だったのだと気づくときがあるかもしれないし、楽しい時間を過ごしたり慰め合ったりしている友だちも、エマソンのいう友情を育める可能性を秘めているかもしれません。だから、**まず自分のほうから変わってみることだ**と思います。

エマソンにいわせれば「マガイモノの友情」しか知らない未來にとって、エマソンの友情はあまりに厳しい。厳しすぎる。とはいえ、ほんとうの幸せにつながる自己信頼の道を歩き続けるためには、お互いに自分を高め合える関係が必要なのだ。

親しい友を失って孤独感に押しつぶされそうになっていた未來は、こう考えた。自分が変われば、また親友と呼べる人に出会えるはず。それも、歓喜にふるえるほどの至福の友情を味わうことができるかもしれないのだ。この孤独な時間は過程にすぎない。寂しさをごまかさないで、今はひとりでも生きられるように自分の内心をしっかり見つめてみよう。それが本物の友情を得られる近道なのだから――。

第5回　自分を捨てる覚悟

今の仕事を続けていくべきか、それとも新しい世界へ踏みだしてみるべきか？　自分と向き合い考えても、内なる光はまだぼんやりとしていて、未來は納得できる結論を見いだせないでいた。エマソンのいうように、チャレンジしないと幸福をつかめないのはわかっている。年齢など関係ないと思う。しかし……、ああ、なんという意気地なし！　自らを奮い立たせようとしてみるけれど、やはり、心は揺らいでいた。

先生は来月、半年にわたる哲学研究のためにアメリカへ旅立つという。その準備で多忙をきわめるなかでも、対話の時間をつくってくれた。今日こそ、突破口を開かなければ……。イブニングクラスに向かう生徒たちに交じって、つらつら考えながら歩いていると、大学のキャンパスはもうすぐそこだった。

人生を「切断」する勇気

先生　今日は時間が遅くなってしまい、ごめんなさい。

未來　いいえ、こちらこそお忙しいときに無理をいって、すみません。

では、さっそくですが――、エマソンの思想を教えていただいてから、何が自分にとって一番大事なのか、自分に正直に生きるためにどうすればいいのかを真剣に考えてきました。でも、まだ明確な答えが見つかりません。

生き生き働けないとき、自分の畑かどうかわからない環境で四苦八苦しているときはどうしたらいいのでしょうか？

先生　やっぱり、今いる場所で自分の個性を活かす努力をまずは精いっぱいしていくことだと思います。ただし、それをいくらやってもやっても、「ここじゃない」という確信があった場合には、「切断」する勇気を持つことです。

未來　「切断」とは、強い意志が表れた言葉ですね。たしか先生が会社を辞められたのは29歳のときでしたね。

もうこの機会を逃すと辞められなくなる、と思われて決断なさったのですか？

先生　そういう冷静な判断というよりも、限界感というか、症状がもう根深い悪性のものだったような気がします。仕事をおろそかにしていたわけではありませんが、その職場は自分のよさを最大限に活かせる場ではなかったわけですね。

しかも「ああダメだ、これはほんとうの自分じゃない」と思うと、どんどんやる気が出なくなるという悪循環に陥っていました。

エマソンは「**症状が根深い悪性のものとなった場合、ただひとつの安全な策は切断である**」というのです。水夫のいわゆる「いかり綱を切って急きょ出奔《しゅっぽん》する」ことだ、と。

未來　何年くらい迷われたのですか？

先生　6年ほど自分のやっていることに確信を持てない期間がありました。再三いっているように、エマソンの思想にはパラドックスがあって、前に進めというアクティブな部分と、現状を受け容れて待てという部分があります。

つまり攻めるだけではなくて、待つモードのときもある。待ち受けモードでいると、到来してくるものがあるのだ、といいます。それにしても、わたしの場合は待つには長すぎて、根深い悪性のものになってしまったわけですね。

そこを断ち切って進路を大きく転換するには、ものすごいエネルギーが必要でした。それまで培ってきた人とのつながりも全部断ち切って、まったく新たな道を歩もうとしたので、まわりの理解も得られず、いわば孤立無援でした。しかも辞めてしまったら何もない。次の仕事が決まってから一歩を踏みだしたわけではないので、エマソンの「切断」という表現は胸にグサッときます。

未來　わたしは先生ほど強くないですから、家族や身近な人たちにこぞって反対されたら、心が折れてしまいそうな気がします。

先生　エマソンは、自分の信じるものがあって、その道を進まなくてはいけないときは父も母も妻も兄弟も捨てて、自分ひとりで歩けといっています。自分のやりたいことが達成できなければ、切るべきだ、と。

でも、そういうことは実際にはできないこともありますから、距離を置いたり、自分にとって一番大切だと思う人間関係を見なおしたりしてみる。家族や会社の人間関係が日常的な関係だとしたら、それとは別に本音で付き合える友人関係に軸足を置き、そういう友人がいなければ、新しく関係を築くという知恵もあります。

未來　自分に嘘をつかない生き方をしようとしたときに、それを邪魔しようとする人たちとは距離を置いて、応援しようと思ってくれるような友人と付き合いなさい、ということですね。

先生　ええ。前にもいいましたが、それは生身の友人に限らず、本の著者でもいいと思います。厳密にいえば、エマソン的な幸せをつかむには、断ち切る勇気や、理解されなくても自分の道を進んでいくという底力が必要です。

たとえば転職を考えるとき、今より待遇がいいとか能力を伸ばせるとか、今の職場と天秤にかけて考えて、転職先が確実に見つかってから辞めるのが常套《じょうとう》手段でしょう。

わたしのようなやり方はリスクが大きすぎるから、おすすめしていいかどうかわかりませんが、ほんとうに自分の天職を見つけたいと願うなら、思い切って切断するくらいの覚悟がないと、めぐり合えないかもしれません。

未來　うーん、どうも納得がいきません。過去を切断するということは、これまでのキャリアや積み上げてきたものを完全否定することになりませんか？

先生　なりません。思いだしてください、ステラ・ダラスの話を。

彼女は、自分のあこがれだった上流社会に入って自分を高めようと努力します。そのときは、それが自分らしさ、自分のやるべきことだと思っていたわけですね。

でも結局、そこは自分の幸福を追求する場ではないと気がついて、すべてを捨てて再出発する。その行動は、過去の自分らしさを否定したわけでもムダにしたわけでもありません。そこで得た経験を糧にして、まだ見ぬ「新しい自分らしさ」というものに一歩踏みだしたのです。

繰り返しますが、**何よりも大事なのは、自分らしく生きること。そして、自分らしさは固定されたものではなく、変わっていく。いつも途上にあって未完、進化していくものなのです。**

未來　思いだしました。ステラのように、自分の幸せを追求できない場だとわかれば、そこから飛びだしなさいということですね。不満を抱きながらそこに居続けると、症状が根深い悪性のものになってしまうから、その根を断ち切って再出発しなくてはいけない、と。

あ、余談ですが、浮気夫に悩まされていたわたしの従姉妹は、先日、離婚しました。心変わりしてしまった夫とは、もう幸せを築けないと判断したようです。

今は、育児と看護師としての仕事を両立させながら、さらに緩和ケアの認定看護師をめざして勉強に励んでいます。それが彼女の選んだ、新しい幸福への道なのでしょう。元夫への未練も吹っ切れたのか、思いのほか、明るく元気にやっています。

捨てられるからこそ、人生はすばらしい

先生　エマソンは「人生というものは驚きに満ちていてすばらしいものである。それは、捨てることによって得られるのだ」といっています。

未來　捨てることができるからこそ人生はすばらしい、というのは斬新ですね。具体的には、何を捨てることによって、すばらしくなるわけですか？

先生　自分がこれは正しいと思って蓄積してきた知識とか育んできた人間関係、人によっては自分が築いた富とか所有物など、自分を縛ってきたもの、自由を制限していると思うものをどんどん捨て去っていく。

不安や恐れを希望に転じなければいけないといいましたが、その転機をどうやって迎えることができるのか。その答えのひとつは「捨てること」であり、「去ること」だとエマソンはいいます。**自分の可能性を開くためには、自分の伸びしろを信じ、これまでの自分を捨てて、今ある状態から去る覚悟が必要なのです。**

未來　自分を捨てる？　またまたエマソンのパラドックスですね。もう驚きません。

自分というものにこだわり続けるのが自己信頼ですよね。そのこだわりを捨ててしまったら、自己信頼の道は行き止まってしまいませんか。

先生　もちろん自分を自分らしくしているもの、つまり自分の内側から湧き上がってくる欲求や考えへのこだわりを捨てるわけではなく、**自分を縛っている不要なものを捨て**

るということです。

先生 エビやカニが、この状態ではもうこれ以上成長できなくなり、美しいけれど硬い殻を破って外に這い出る。それと同じで、自分自身の殻を脱ぎ捨てることを繰り返しながら、人間は成長していくわけです。

未來 自分らしさは変わっていくとおっしゃいましたけど、要するに、今の自分らしさから脱皮して、新しい自分らしさへ成長していく、ということですか？

先生 おっしゃるとおりです。

未來 そういえば、わたしたちの体も新陳代謝を繰り返して変わっていると聞きました。人間の体は40兆個もの細胞からできているというのも驚きですが、その細胞は猛スピードで入れ替わっていて、速い細胞なら1日で替わり、4〜5カ月経つと、骨を除いて、ほぼ完全に入れ替わるそうです。毎日、何千億という細胞がみごとに死んで、新しい細胞がみごとに生まれてくるからこそ、わたしたちは生きていられるし、成長もできる。

先生 人の生涯も、日々、死んだ境涯《きょうがい》を脱ぎ捨てていくものでなくてはいけない、とエマソンはいうのです。

不幸は必ず償われる

先生　それなのに、わたしたちは古いものに固執する、とエマソンは批判します。親しい友人に別れを告げることもできない。最愛の人の死を受け容れることもできない。あれほどいとしく、美しく、やさしいものを二度と見つけることができず、ただうずくまって泣きじゃくっているだけだ、と。

エマソンは、結婚して間もなく妻と死に別れ、再婚相手との間に生まれた息子を5歳で亡くしています。

しかし内省を続けるうちに嘆くことの不毛さを痛感して、「**嘆きはわたしに何も教えることはできない**」と確信します。そして、模索こそが新しい可能性を創造すると知り、自分が人生の困難を過大視していたこと、ほんとうに克服すれば不幸は色あせて消えてゆくことに気づくのです。と同時に、**長い時間が経てば不幸は必ず償われる**、という光《こう》明《みょう》を見いだします。

論文「償い」にはこう書かれています。ちょっと長くなりますが、読んでみますね。

「熱病、不具、深い落胆、富の喪失、友人との別離などは、その時点では償うことのできない損失であり、埋め合わせができないもののように感じられる。

しかし、歳月が流れれば、あらゆる事態の根底にひそむ深い治癒力がはっきりと現れてくる。ただ深い損失でしかないと思われた親友、妻、兄弟、愛する人の死も、あとになると導き手や守り神のような様相を帯びてくる。

なぜなら、それらはたいていわたしたちの生き方に革命をもたらし、まさに終わりかけていた幼児期や青年期に終止符を打ち、慣れ親しんだ仕事や家庭、生活習慣を解体し、人間的な成長にもっとふさわしい新しい境遇を構成させるからだ」

人間はどんな不幸に見舞われようと、超然として生きる能力を十分に持っている。過去の出来事にいつまでも囚われているのは人間らしいことではない、とエマソンは結論づけるのです。

未來　わたしだけでなく、周囲にも亡くなった家族が自分を見守ってくれていると信じている人はたくさんいます。

そのうちの女性のひとりは、数年前に父親が急死して悲嘆に暮れていました。彼女は中年といってもいいくらいの年齢でしたけど、すごいファザコンだったらしく、本人も「親を亡くすなんて、ほとんどの人が経験することなのに」といいながら立ちなおれずにいたのです。

でも、ある日、電車に乗っていて、ふと、まわりの年配の乗客たちを目にして、ああ、この人たちはみんな親の死を乗り越えて生きているんだなぁ、と納得し、感動したといいます。同時に、あと数十年したら、わたしもこの人たちも全員この世にはいないのだと思ったら、不思議と救われた気がしたと話していました。

先生　当たり前のことですが、どんなに頑強な人でも年老いてやがては死を迎えます。この世には何ひとつ固定されたものはなく、すべては移ろいゆくものである――そう気づけば、また歩きはじめることができると思います。

「古い自分」を捨てないと「新しい自分」に出会えない

未來　すべてのものは変わりゆくのですね。

先生　そうです。自分の考えも変わっていくのが自然です。わたしたちは「前に話していたことと違うじゃないか」といわれるのを恐れて、つじつま合わせをしたがりますが、エマソンは、その一念がわたしたちを自己信頼から遠ざけていると警告します。

「愚かしい首尾一貫は、小心者にとりつくお化けで、ちゃちな政治家や哲学者、神学者たちがあがめるものだ。首尾一貫など、偉大な魂にはまったく関わりのないことである。今思っていることを断固として語りなさい。そして明日は明日思うことを、たとえ今日いったことと矛盾していても、また真剣に語ればいいのです」

未來　えーっ、そんなことをしたら、誤解されて信用を失ってしまいませんか？

先生　でも、誤解されることがそんなに悪いことだろうか、とエマソンはいいます。

ソクラテスも、イエスも、ルターも、コペルニクスも、ガリレイも、ニュートンも、かつて存在した純粋で賢明な魂の持ち主はすべて誤解された。偉大であることは誤解されることである。そういってのけたのです。

未來　それはそういう偉大な人たちの話であって、わたしのような者が誤解されることとはまったく次元が違います。

先生　エマソンがいいたかったのは、**後ろを振り返る必要はない、他人にどう思われようと、今の自分の考えに素直に従え、**ということです。

これまで一途に守ってきた信念が、単なる思いこみだったという場合もあります。たとえば「何事も慎重にやるべきだ」と信じていたとします。それはたまたま、結果を急いだために痛い思いをしたり、詰めが甘くて上司に叱られた経験があったり、だれかが「石橋をたたいて渡る人に失敗はない」といっていたのを聞いて、そのような信念を抱いてしまったのかもしれない。

エマソンが「人は自分のつくりだすものだけを見る」というように、それが正しいと思いこんだら最後、すべての物事を見るときにそのフィルターをかけてしまう。何につけても色眼鏡をかけて見てしまうから、正しい判断ができなくなります。「ああ、やっぱり何事も慎重にやるほうがいいのだ」と、その信念をより強固なものとする証拠だけを集めている場合もあるのです。

未來　自分でも気づかないうちに情報を選別している、ということですか？

先生　そうです。物事には数え切れないくらいのさまざまな見方があります。いつも同じである必要はありませんし、経験によって新しい見方ができるようになるのは成長の証です。**一貫して重要なのは、自分にとって今一番大切だと思うことを実現することです。それを支えていくものの見方、考え方、言動が必要とされる**のです。

未來　その信念が正しいかどうかよりも、自分の人生にとって必要なのかどうかを見きわめなさい、と？

先生　信念に正しいも間違いもありません。本人が正しいと思いさえすれば、どんなことでも信念になりえます。人の数だけ信念はありますし、自分に正直に生きていくためには信念は必要です。

しかし、この世のすべては変化しています。ただの思いこみでなくても、頑《かたく》なに古い信念にしがみついていると、自分の望む結果から遠ざかってしまいかねない。少なくとも、自分を縛る古い信念や固定観念は捨てなくてはいけません。

自分にとって何が一番大事なのかをつねに問いなおし、思考を繰り返しながら、信念もつくりなおすことが必要なのです。

未來　自分の望みをかなえるためには、たとえ過去の言動や信念と矛盾していてもいいから、今思うことを信じなさい、というわけですね。メモをしていて気づいたのですが、信念って、「今の心を信じる」と書くのですね。

先生　あぁ、そうですね、気がつきませんでした。心はコロコロ変わりますし、自分の信念も自分らしさも変わっていくのが、大自然の法則なのでしょう。

今、これがわたしの自分らしさだと思いこんでいるものを脱ぎ捨てない限り、新しい自分、もっとすばらしい自分にはめぐり合えない。それがエマソンの自己超越、つまり今の自分を超えていく、という考えです。

他人に認めてもらいたいと乞《こ》い願う状態は、まだまだ今の自分に執着している気がします。どこまで自分へのこだわりを捨てて前に進んでいけるか、自分を捨てる覚悟が試されるのです。自己信頼と自己超越はペアになっているので、自分を信じながら自分の可能性を縛っているこだわりを脱ぎ捨てていく。そうしなければ、もっと大きな自分とめぐり合うことはできないというのが、エマソンの「円」の思想です。

人間の一生は自ら広がりゆく円である

先生　エマソンは「人間の一生は自己進化の円であって、最初は目に見えないほどの小さな円から四方八方に広がり、新しい大きな円となり、しかも際限なく広がっていく」といいます。円がさらに円を超えてどこまでも広がっていけるかどうかは、個人の魂が持つ活力にかかっている。もし、あなたの魂が活発で力強くあれば、四方八方の境界を超えてほとばしり、限りなく拡大していく、というのです。

未來　まったくイメージできません。

先生　これはエマソンの人生態度、つまり人生に対する基本的な姿勢の根拠となっている考えですから、割愛するわけにはいきません。できるだけわかりやすく説明しますので、想像の翼を精いっぱい広げて、ついてきてください。よろしいですか？

未來　はい。

先生　わたしたちの人生は、限りなく拡大していく円のようなものである、とエマソンは考えました。最初の円は自分の眼球であり、その目が認識する地平線が第二の円である、と。この円は第三、第四、第五の円……とさらに大きな円へと無限に広がっていく。円が円を超えて、どこまで広がっていけるかは、その人の魂のパワーによります。あなたの精神が生き生きとして強ければ、円は限りなく拡大していきますよ、といっているのです。

これは、自己超越のプロセスを象徴したものです。つまり新しい自分らしさを発見していくプロセスであり、脱皮を繰り返しては成長していく過程を表しています。

未來　自分が成長すればするほど、その円は大きくなっていくわけですね。で、今いる円からさらに大きな円へと移る瞬間は、どういう状態のときなのですか？

先生　**自分の「内なる光」を信じて、古い状態から自分自身を引き離し、過去を放棄して、新しい道をつくることができたとき**です。保証はありません。自分を信じ、「よりよい人生になるであろう」ということを信じて、前に一歩踏みだしてみないと、その先はわからない。

エマソン流にいえば、道を見いだすことを本能にゆだねるのです。それは単なる楽観主義ではなく、むしろ多くの人が踏み固めたような安全だと思われる道からはずれて、道なき道を行く覚悟、未知の世界へと自分自身を投げだそうとする断固たる意志が必要になります。

情熱は閉じこめられることを嫌う

未來　安全だけを願っていたら、驚きに満ちたすばらしい人生は味わえない。今の自分に満足していないのなら、自分のなかから湧き上がってくる直観や考えを信頼して、今いる円から飛ぶしかない、ということですか？

先生　そうです。不安かもしれませんが、飛ぶしかない。エマソンは、「**わたしはただ実験していく終わりなき探求者であって、過去を背負わない**」と宣言しましたが、この「実験する」とか「過去を背負わない」というところが、すごくアメリカ的だなと思います。とにかく前へ前へ向かって、新しくつくっていく姿勢を表している。

エマソンの哲学にはセラピー的な要素があって、自分で思考することを通して弱かった自分を癒やしていけるところがあります。強くなれなくても、弱さを抱えたまま前に向かって心を開き、実験することによって、今まで考えてもいなかったビジョンが見えてくる。思考している最中はもがき苦しんでいるかもしれませんが、視界が開けたときに、自分は危機を脱したとか救われたとか実感できるのだと思います。

未來　そういわれても、飛べそうな気がしません……。

先生　エマソンいわく、今いる円から大きな円へ、つまり過去から新たな状態へと移る瞬間、その間に横たわる深い淵を飛び越えるそのときに力が湧いてくる。**新たな目標を**

かかげて突進するときには力がみなぎるのだから心配することはない、と請け合います。
そして、前進しようと意気ごむ人の姿勢には、過去のすべての力が新たなかたちでふくまれている。それは胸の奥に過去のエネルギーを抱きながら、すがすがしい朝の息吹に満ちている、とエマソンは絶賛するのです。

未來　エマソンの言葉を信じれば、**新たな目標を持って新たな世界へ踏みだそうとするとき、自分でも思ってもみないような力が湧いてくる**というわけですね。

先生　情熱は閉じこめられることを嫌う、といっています。情熱が芽生えた最初のころでさえ、すでに爆発的な力で広がって、四方八方へ限りなく拡大していこうとするのだ、と。そうして新しい円を描くたびに、わたしたちは「たしなみをなくすほど驚く」というのです。

未來　エマソンが「人生は驚きの連続だ」といったのは、自分の円をどんどん拡大させていったということですね。

「今、目の前」に意識を集中させる

未來　結局、エマソンが理想とする人生のゴールはいったい何なのですか？

先生　前にも少しお話ししたと思いますが、エマソンの完成主義の特徴は「脱目的性」です。論文「円」のなかに「移ろいゆく完成」という表現が出てきますが、最終地に向けて自分の人生を完成していくのではなく、その都度その都度、円を完成していくものです。

未來　その都度、円を完成していく？

先生　アメリカの哲学は、最初にゴールが設定されていて、それをめざしていくという発想ではありません。わたしたちは迷いながらジグザグの航路を進んでいくものだという話、覚えていますか？

未來　もちろんです。「内なる光」を羅針盤にして、自分がこの道だと思うところを進んでいけばいい、と。でも、どこに到達するかは、航海中は定かでなく、航海が終わってからでないとわからない、とおっしゃった。……あ、最初にゴールが設定されているわけではないから、どこにたどり着くかわからなくて当然なのですね。

先生　そうです。でも、幸福につながる一歩一歩は今ここで達成されている。だから、今はつらくても、なかなか報われないと思っていても焦らずに、ほんとうに自分のやりたいことは何なのか、あるいは今の境遇のなかで自分にしかできないことは何なのか、それをつねに問いなおし考えながら、自分の伸びしろを信じて進むしかない。

拡大していく円は自己超越の無限のプロセスであるといったように、**最初から「こういう人間になりたい」と理想の自分をめざしていくというよりも、今の自分より成長した自分、さらに成長した次なる自分を達成していく過程**です。

その一歩一歩のところで自己を完成し、自分の欲求や感性を研ぎ澄まして、今自分がいる円を超えていく。自己の完成というのは、ごく月並みないい方をすれば自己実現であり、エマソンのいう人生は自己実現と自己超越の果てしない旅路なのです。

未來　**自己実現と自己超越を繰り返していくのが人生**、というわけですね。なんとも壮大でロマンチックな人生ですが、それをなしとげるためには、日々、何を基準にして生きていけばいいのですか？

先生　過去を振り返って悔やむことなく、未来を恐れて不安に押しつぶされることもなく、今を100パーセント生きるしかありません。エマソンがいう生涯を通じた一歩一歩の完成の途上を、強い現在進行形で生きることです。

エマソンの哲学は、「今ここ」に重点を置く哲学であり、努力して到達しようとする目標に焦点をあてるよりもむしろ、**いかにしてこの瞬間に、よりよき生を生きることができるか**、ということを真摯に問いかけるものなのです。

未來　「今を生きる」って、言葉の意味は理解できますけど、具体的にどうすればいいのかよくわかりません。

先生　**「今、目の前」に意識を集中させる**、ということです。つまり**余計なことを考えず、今、向き合っている人や物事にベストを尽くす**。

「一期一会」という言葉がありますね。ご存じかもしれませんが、もともと茶道の心得を表した言葉で、どの茶会も一生に一度限りと思って、相手に精いっぱいの誠意を尽くさなくてはいけない、という教えです。
これは、「今を生きる」心得でもあって、日々の仕事や顔なじみの人に対しても、生涯に一度しかめぐり合えないありがたい存在だと考えて、真心をこめて丁寧に対応するということです。

未來　忙しい日常のなかで、それを実践するのはむずかしいですよね。目の前のことに集中しようとしても、ふと気づくと、昨日の失敗を悔やんでいたり、明日の予定を考えたりしています。

先生　そんなときは、心を「今」にもどすように心掛ければいいと思います。とにかく、意識してやってみてください。何でもかんでもむずかしいとか無理だとか決めつけるのは、自分の可能性を制限してしまうことです。自分で自分の邪魔をしてはいけません。
何度もいいますが、だれにでも今の自分を超えていける能力がそなわっているのですから、もったいないですよ！　ここはエマソンを信じて、**今をよりよく生きるためには、どうするべきかを自分なりにじっくりと考え、試してみる**ことです。

過去や未来に心を奪われるな

未來　……そうですね。自分の限界を定めてしまうのが唯一の罪、でした。

先生は、今、ここを生きるために、どんな工夫をなさっているのですか？

先生　たとえば仕事でもプライベートでも、自分のエネルギーと意識を傾けるべきことの優先順位をつけています。今日、あるいはこのひと月の間に、何に力を注ぐかを決めた上で、今もっとも大事だと思うことからやっていく。自分で今一番重要だと認めたことには、自ずと集中できるものです。

未來　優先順位といえば、大学の先輩の話で印象に残っていることがあります。

彼女は、40歳を過ぎたころに鬱々《うつうつ》とした気分に襲われたそうです。というのも、大学生のころから、結婚して子どもを産み育てながら働きたいと思っていたのに、男性との縁に恵まれず、保育士の仕事に追われるうちにハタと気づいたら、もう子どもを産めるかどうかわからない年齢になっていた。自分なりに人生について真剣に考えてきたつもりだったけれど、どこで生き方を間違えたのか。過去を振り返ってはため息をつき、自分の将来はどうなるのだろうと不安に駆られてはため息をついていた、といいます。

そのうち朝起きたときからため息をついている自分に気づいて、このままでは病気になると思い、今しかできないこと、今一番やるべきことは何かを考えた。それは、海外で暮らす友人を見舞うことだったそうです。気になりながらも仕事が忙しくて先延ばしにしていたのだけれど、思い切って休暇をとり、闘病中の友人のもとへ飛んでいったといいます。幸い、友人は元気だったので安心し、少し足を伸ばして旅行もしたそうですが、帰国後、「カラカラに乾き切っていたスポンジが水を吸ったように生き返った」といってました。

そのとき、彼女は実感したそうです。どうあがいても過去を変えることはできないし、どんなに心配したところで未来が変わるわけでもない。わたしたちは過去を生きることも、未来を生きることもできない。今を生きることしかできないのよね、と。

先生　そのとおりです。過去や未来を考えることが悪いというわけではありませんが、それに心を奪われていると、幸せにはなれない。

アメリカの心理学者たちの調査によれば、**人は起きている間の46・9パーセントもの時間を、「今」ではなくて、「過去」や「未来」のことを考えながら生きている**そうです。

そして、**過去や未来に意識が向いている人ほど幸福度が低い**、といいます。

わたしたちが創造できるのは、「今」しかありません。その積み重ねが今日をつくり、明日を変えていくわけです。だから、**エマソンは人生のゴールではなく、そこにいたるまでのプロセスを重視している**のです。

日常がつまらないのは、身近なものを味わっていないから

先生　「**日々、新しい一日を生きる**」「**その日その日を最高の日にしよう**」とエマソンは提唱しています。

型どおりの日常生活を送っていると、どうしても無感動や無関心状態に埋没していく。そうすると、口があっても表現できず、目があっても見ることができない、耳があっても聞くことができなくなってしまう、というのです。

以前、生活のなかで思考することが大事だと、お話ししましたね？

未來 はい。自分の身近にあるもののなかに大切さを見いだすような考え方をしなさい、と。**日々のありきたりの行為に、自分なりの意味を発見できるような思考をしなくてはいけない**、とエマソンは主張したのですよね。

先生 そうです。そのためにも惰性的な日常からは離脱しなくてはいけない、習慣を完全に断ち切りなさい、と戒めたのです。

未來 会社でも年を経るにつれて、ルーチンワークが増えてきます。決められた仕事や課せられた責任など、果たさなければいけないことをこなしているだけで毎日忙しくて、あっという間に月日が流れてしまいます。

エマソンがすすめるように、日々、新しい一日を生きるつもりで過ごしたり、毎日を充実した最高の一日にすることができればどんなにすばらしいだろうとは思いますが、それを実行に移す心のゆとりもありません。

先生　一言でいえば、エマソンは「**日常を存分に楽しめ**」といっているわけです。

もし日常生活がつまらないと思っていたら、それは日常を、身近なものを味わうことを忘れてしまっているからだ、と。

「人間は、人生と自然とを自分たちにとって楽しいものとしなければならない。そうでなかったら、むしろ生まれなかったほうがましである」とまで断言しています。

未來　人生だけでなく、自然も楽しめと？

先生　別にハイキングやキャンプをすすめているわけではありませんが、エマソンは、自然と積極的に向き合うことによって、あのサソリを見つけたときのように宇宙の真理を直観することができると考えたのです。直観は思考の源流です。

エマソンは、バラを見て、自己信頼のすばらしさを洞察しています。

「わが家の窓の下に咲くバラは、以前に咲いたバラや、より美しいバラを気にしたりしない。バラは、あるがままにあり、神とともに生きている。バラにとって時間は存在しない。ただバラがあるだけだ。

バラの一生は一瞬一瞬において完璧である。芽をだす前からバラの全生命は躍動し、花が満開になれば命が盛んになるわけでも、葉が落ちて根だけになれば衰えるということもない。**バラの本性はあらゆる瞬間に同じように満足し、それはまた自然を満足させているのだ**」

ところが、人間は物事を先延ばしにしてみたり、過去を振り返ったり未来を予測しようとして爪先立ちになったりして、現在に生きていない。生命は有限だからこそ、今を懸命に生きるべきである。バラがバラとして生まれてきたことを享受して、あるがままに咲き、今このときを生きているように、わたしたち人間も自然とともに今を生きなければ、幸せになることはできない、とエマソンはいうのです。

未來　バラのように生きる……うーん、むずかしい……とかいわず、とにかくやってみる、ですね。

先生　まず、やってみようと決心することです。エマソンいわく、やれるかやれないかは、やってみるまではわからないのですから。

独自の仕事をしてこそ他人をも幸せにできる

未來　ところで、幸せになるためには、自分の直観を信じ、今の自分にとって何を優先するべきかを考えて行動し、絶え間なく成長していくことが大事だということはわかりましたが、自分らしく生きて、自分さえ満足できれば、ほかのことはどうでもいいということですか？

先生　いいえ、違います。前に、仕事を通して自分を表現していくことが大切だといいましたが、エマソンのいう仕事とは単なる職業ではなく、自分がどう生きるかという生き様と切り離せないたぐいでの活動のことです。

その上で、エマソンは「**独自の仕事をしてこそ、人は自分だけが提供できる有用性を人に感じさせ、また人に喜ばれるようなよさを出せる**」と論じています。

未來　自分が役に立つ存在だと人に感じさせる、ということですか？

先生　エマソンが「独自の仕事をしてこそ、人はおのれを明らかにする」と述べているように、自分の最良の部分、個性を余すところなく人に伝えられるようなかたちで仕事をするということです。

たとえば同じ仕事をしても、人によって仕事の仕方や成果が違うでしょう。仕事は早いけれど雑な人もいれば、几帳面だけど仕事が遅い人もいるし、たまに手早くて正確な人もいる。計算は苦手でも、手先が器用で細かい作業が上手にできる人もいます。明るくて接客が得意な人がいる一方、無口で裏方の仕事が好きな人もいるでしょう。

人それぞれに自分の持ち味というものがあります。それを活かす方法を自分なりに見きわめて、だれかの真似をするのではなく、**自分にしかできないオリジナルな生き方、自分の個性が人に伝わるような働き方をする**ということです。

未來　なるほど。天職の話のときに先生は、自分が何をしたいのか、自分にとって何が一番大事なのかを考え続けて、自分の行くべき方向に向かえば、自分の個性を最大限に発揮できるとおっしゃいました。

そうやって自分の価値を人に感じさせることができるくらいにオリジナルな仕事をす

れば、人にも喜ばれる。つまり自分の直観や今、自分が正しいと思うことを信じて、自分にしかできないことをやっていくことが、社会への奉仕につながるわけですね。

先生　そのとおりです。自己信頼という生き方について、いろいろ申し上げてきましたが、エマソンは論文「随想余録」の結びに、その生き様を簡潔にこう綴っています。

「すべての偽りの絆を断ち切り、ありのままの自分であろうとする勇気を持ち、単純で美しいものを愛し、独立独歩の生活と明るい人間関係をわがものとすること。これらに加えて、他者に奉仕し、人間全体の幸福に何ものかを寄与しようと考えること、それが人生の本質である」

自分を徹底して見つめることによって内なる光を発見し、それが求めるものを発展させていくことによって初めて、自分だけでなく、他人をも幸せにしてあげられる。光は自分だけのものではなくなります。しかも他人を幸せにしてあげられると、自分の幸せも増幅します。エマソンは、こういっています。

「**幸福は香水のようなものである。人にふりかけると必ず自分にもかかる**」

老いてもどんどん若くなれる

先生　それにしても、いいですねえ、こういう時間というのは。いわゆる本音で、こんな話ができる相手というのも多くはないので、ほんとうに貴重です。

エマソンは、会話は拡大していく円であり、人との会話のなかで自分が発見され続けているといいますが、今回の対話で、わたし自身はこのままでいいのだろうか、エマソンの力強い思想に自分は則しているのだろうか、とすごく考えさせられました。

年をとってくると、追従に流されてはいけないと思っていても、体力が衰えて病気になったり親の世話をする必要があったりして、身動きがとれなくなることが増えてくる。わたしは今、自分を最高レベルで信頼しているとはいいがたく、「内なる光」から離れているような気がします。

未來　まわりを見ていると、自分をしっかり持っている人でも、30代後半くらいから追従状態になる傾向が強い感じがします。体力が徐々に落ちてくるし、挑戦することが減ってきて、周囲に流されやすくなってくる。

先生　わたしも気がつくと、いつの間にか冒険することに億劫《おっくう》になっている自分がいる。そんなときにエマソンの論文「円」の、人は老いながら若くなっていくというようなくだりを読むと、ドキッとします。

未來　老いながら若くなっていく!?

先生　わたしたちは日々年齢を重ねていくけれど、何も心配する必要はない。**自分より高みにある神聖なものと会話を交わしている限り、わたしたちは年をとらず、どんどん若くなっていく**、とエマソンはいうのです。

幼児や青年は感受性が鋭く向上心に燃えて高みを見上げ、あらゆる方向から押し寄せる教えに自分をゆだねる。しかし70歳の老人は、何もかもわかったつもりになり、老けこんで希望も向上心も捨ててしまい、現実をやむをえないものとして受け止めて、若い者にはもっともらしくお説教をする。

ところが、そのような老人たちを聖霊に仕える者とし、互いに愛を通わせ、真理を見きわめさせると、たちまち彼らはまなざしを上げ、しわが伸び、再び希望と活力に満ちるようになる、と。

未來　つまり、内なる光を信じて自己信頼の道を歩んでいれば、老いぼれることはない。精神は若やいでいく、ということですね。

先生　ええ。人は老いても若くなりえる。だからといって年をとることを否定しているわけではありません。その年、その年なりのワクワクする生き方、人間としての熟し方があると思うのです。

年をとっても自分の可能性を信じて、あきらめてはいけない。「**老いというものを人間の精神に忍びこませてはならない**」というエマソンの言葉に改めて感動しました。

それもあって、半年間という期限付きですけれど、思い切って、アメリカで前々からやりたかった研究をすることに決めたのです。

人生はいつでも変えられる

未來　先生は老年にはまだほど遠いでしょうけれど、50代60代になってから賭けに出るのはかなり勇気が要るような気がしますが……。

先生　逆に、冒険しやすくなるのではないでしょうか。それくらいの年代になったら、安定だと思っていたものが安定ではなかった、という事実を突きつけられる機会が増えてくると思いますから。どちらに転んでも人生は不安定なものなのだとわかれば、腹がすわるでしょう。

未來　何歳でも人生を変えることはできるのですか？

先生　**いくつになっても、いつでも人生は変えられる、自分で自分の人生をつくりなおすことができるというのが、内なる光が訴えようとしていること**だと思います。何度もいいますが、自らの人生に限界をつくるのもまた、この自分でしかないのです。

エマソンは、人生の新たな出発点は、職業の選択や結婚、就職など、わたしたちが選ぶ目に見える事実にあるのではなくて、散歩の途中、ふと路傍《ろぼう》で浮かんだ静かな思いにあるといいます。

自分の生き方そのものを見なおし、「これまでこんなふうにやってきたけれど、こうしたほうがもっといいに違いない」と気づくことにあるのだ、と。

未來 心を変えたときが転機、ですね。人は、いくつからでも成長できる。挑戦するときに力が湧く。しかも正しい努力は必ず報われる、でしたね。報われない道のりが長ければ長いほど、あとから大きくなってもどってくる、と。

先生 そうです。だから苦しくても、自分に宿る偉大な力と無限の可能性を信じて歩いていく。ほんとうに自分のやりたいことは何なのかを真摯に考えて、一歩一歩前進すればいいのです。

未來 それは、何歳からであってもいい。60歳の人でも、今からこつこつ努力を重ねていけば、どこかで花開くということですね。

先生 もちろん。しかもエマソンによると、「**精神の向上は、卵から幼虫へ、幼虫から**

成虫へと変化するように、ある日、劇的にとげられる」。

未來　伸び悩む時期があっても、自分を信じて生きていれば、あるときとつぜん、脱皮するように成長する。さなぎから蝶になることだってある、というわけですね！

先生　そうです。**成長し続けるという意味で、人生に終わりはありません。**

エマソン的人生は、ゴールそのものを自分自身で考え続けることを求められます。

そして、つねに何を捨てて何を得ることが自らの生活を豊かにするのかを、一から考えなおし続けることが必要とされるのです。

年を重ねれば重ねるほど、身につけた知識や持ち物、人間関係が増えていく。捨てることによって、人生は驚きに満ちたすばらしいものになるといいましたが、年をとるにつれて、捨てる力がより試されます。

それは生活の必需品の見なおしであり、自分にとっての幸せとは何かを改めて問いなおすこと。自分を幸福にし、人を幸福にするには、自分が一番大切だと思うことを念頭に置いて、自分を最大限に活かすことです。小さな自分で満足していては、潜在能力という宝の持ち腐れになってしまいます。

未來　わたしはまだ40歳にもなっていないのに、過去のキャリアにこだわって、二の足を踏んでいました。拠りどころにするべきなのは過去でも他人でもなく、自分自身の伸びしろ、でしたね！

今何よりも大事にしたいのは、自分の可能性。これまでとは違うことにチャレンジしてみたいと思います。先生のおかげで、自分の行くべき方向というものが、おぼろげながら見えてきた気がします。

半年後、お帰りになったら、また、お邪魔してもよろしいですか？

先生　もちろんです。再会の日を楽しみにしています。

未來　そのとき、少しは成長したわたしをお見せすることができると思います。旅の支度でお疲れのところ、今日も遅くまで、ほんとうにありがとうございました。寂しくなりますが、先生もアメリカで奮闘していらっしゃるのだと思って、わたしも精いっぱい頑張ります！

外に出ると、まぶしいほどの光の海が広がっていた。満月の夜だった。

３カ月余り前、土砂降りの雨に打たれてみじめな思いを引きずりながら歩いた同じ坂道を、未來は自分の影法師を踏みしめて歩きながら、「脱《ぬ》けたのだ」と実感した。

ふと足を止めて振り返り、見上げてみると蜜柑色の月が笑っていた。地平線の彼方には、見知らぬ世界が広がっている。このただならぬ世に生まれてきた、かけがえのない自分というものを信じよう、自分の可能性を信じて歩いてみよう――今、そう素直に思う。

未來は、ひんやりとした空気を体いっぱいに吸いこんで、風を切って歩きはじめた。まだ見ぬ新しい自分に会うために。驚きに満ち満ちた自分史上最高の人生をつくるために。

世界は自分がやりたいことができるはずの場所である

あとがき

木村博美

哲学したい。ふと、そう思ったのが事のはじまりでした。

ライターになってから30年余り。あれやこれや数え切れないほどの原稿の締め切りに追われているうちに歳月は流れに流れ、シニア世代に突入した自分の年齢を信じることができず、心が置き去りにされているような気がしました。社会のスピードはますます速くなって、追いつけないくらい情報があふれかえり、飛ぶように過ぎ去っていく日々のなかで、いったん足を止めて、これからの人生をどう生きるか、じっくり考える時間を持ちたくなったのです。

とはいえ、哲学に興味はあっても、哲学書を楽に読み通せたことがありません。どうして、哲学書はあんなにこむずかしいのか。学者によって意味が変わる哲学用語や、正確性を優先するために複雑になる表現の難解さにいつも手こずってきたのです。

でも仕事となれば、腹がすわる。ちょっとやそっとのことでは投げだせない。わたしがちゃんと理解できれば、読者にもその思想を伝えられる。できれば若いころに知りたかった哲学のおもしろさ、人生に活かせる知恵を読者と共有できればいいな、と。つまり、一石二鳥を狙ったわけです。

ところが、ある会食の席で、哲学について書く予定だと話したら、東大出の男性に鼻で笑われた。哲学なんて今どき何の役に立つの？　といわんばかりの表情で。いやいや、ソクラテスやプラトン、デカルト、カント、ニーチェなど名だたる賢人たちが脳みそをしぼりにしぼり、考えに考えて打ち立てた思想が、役に立たないわけはないでしょう。どんなに環境が変わろうと、人間が生きるということの根幹にあるものは、古今東西、変わるはずがない。哲学をバカにしていたらもったいないわよ！　そう心の内で反論しながら、ますますやる気になっていました。

とにかく手当たり次第に哲学関係の本をかき集め、わからないところは何度も読み返し、どうしてもわからないところはすっ飛ばしながら読みあさるなかで、心を強く引かれたのがラルフ・ウォルドー・エマソンでした。なぜなら、エマソンの言葉の多くがわたしに元気を与えてくれたからです。

自分に秘められた力を信じろ！　持って生まれた素質には必ず伸びしろがあり、いつでも広がっていく可能性があるのだ。
いくつになっても成長できる。いつでも人生は変えられる！　世界は自分がやりたいことができるはずの場所なのだから。

正直にいうと、判然としないところも少なくありませんでしたが、そこはエマソンの研究家に解き明かしていただけばいい。著書『〈内なる光〉と教育――プラグマティズムの再構築』の行間に、どうにかしてエマソンの思想を伝えたいという情熱があふれていた齋藤直子先生に解説をお願いしました。雨の降りしきる京都でその熱い思いをうかがい、快諾していただいたとき、これで鬼に金棒！　とホッとしたのを覚えています。
しかし、思った以上にエマソンは手強かった。独特のパラドックスがあったり、詩人らしく抽象的な表現がふいに出てきたり、何より自分の直観を大事にしているせいか脈略のない言説も少なくなく、先生に何度となく同じような質問を繰り返しました。やっとのことで理解することができても、それをいかに間違いなく、わかりやすく書き表すか——。自信をなくして、くじけそうになるわたしを叱咤激励してくれたのは、ほかでもないエマソンでした。

限界をつくってしまうのも自分であり、その可能性を超えられるのも自分である。人生において唯一の罪は、自分で限界を定めてしまうことだ。新たな目標をかかげて突進するときは力がみなぎるのだから心配することはない。前進しようと意気ごむ人の姿勢には、過去のすべての力が新たなかたちでふくまれているのだ。

エマソンの言葉は、日々の仕事を支え、動かしてくれたのです。ありがたいことに、根気強くエマソンの思想をひもといてくださった齋藤先生、貴重なアドバイスをくださった編集の四本恭子さんにも支えられて、原稿を仕上げることができました。本書を世に送り出すために、それぞれに独自の才能を発揮してくださったプロの方々、そして、読者のみなさまに心から感謝いたします。

エマソンからの伝言は、老若男女を問わず、潜在能力を秘めているすべての人間への応援歌です。

「人間はどんな不幸に見舞われようと、超然として生きる能力を十分に持っている」「わたしたちには、自分の本性にそなわっていて、自分の生き続ける限り自分から伸びていくに違いないもの以外に信頼できるよいものはない」という卓見《たっけん》は、わたしの人生の寄《よ》る辺《べ》となるとともに未来を明るくしてくれました。

本書を読んでくださったあなたも、エマソンの思想はあなたの生活を動かす力があること、そして明日からの人生をよりよく変える力があることを実感していただけたなら、それはもう望外の幸せです。

あとがき

齋藤直子

本書は、「内なる光」を追求し、自らの生を終わることなく完成し続ける「道徳的完成主義」を主題とした拙著『〈内なる光〉と教育――プラグマティズムの再構築』をきっかけに生まれた、ライターの木村博美さんと筆者、そして編集者の四本恭子さんとの対話の軌跡である。

お互いの素性もよく知らず、抱える背景もまったく異なる他人同士の3人が集まって、唯一エマソンを共通の接点にして私たちの不思議な対話ははじまった。しかしながら、その共通点であるはずのエマソンの言葉は、絶えず私たちの期待を裏切り、つかまえたと思うと手から逃れてゆくような、難解なものであった。

最初は手探りの状態のなかで、私たちの間で繰り返し生じた問いは、本書執筆のためにエマソンを読むにあたって、何を基軸にしたらよいかということであった。「内なる光」がメインテーマであることに間違いはなかったが、その「内なる光」が何かを、エマソンは確固たる答えを与えるようなかたちで明らかにしない。

「内なる光」は、この私を私たらしめている、何ものにも代えがたい生来の傾向性（気質）のようなものであることに間違いはない。しかしながらそれは、いわゆる「ほんとうの私」とは一線を画し、人間の生において明示しえないもの、完全に掌握しきれないものを象徴する。そのつかみがたさは、エマソンの思想に内在する二重性をも背負っている。

エマソンの思想において、生きるということは自由であると同時に運命づけられたもの、徹底して個を見つめるものであると同時に、個人を超えて普遍的なものにつながるもの、そして、自己信頼をよびかけると同時に自己を超えて他なるものに応答する、といった二重性を持つものである。

東洋思想の影響も受けたエマソンの思想は、受容、忍耐、自己放棄といった受動的側面や、万物の変転、諸行無常のはかなさの感覚をも持ち合わせている。このエマソンの思想性の持つ二重性と葛藤は、本書でも取り上げられている「友情」の思想に如実に現れる。

「友情には、お互いに相手のなかに、独立した判断と共有された感情の存在をかき立てるような、互いに似ているでもない、似ていないでもないという珍しい中庸が必要である」とエマソンは述べる。人が友情のなかでかき立てられるものは、相手のなかにある似ていることと似ていないこと、独立したものと共有されるものの両方の存在であるというのである。

エマソンはこの葛藤、対立を解消しようとしないことが重要だと考える、いや、むしろそれらは緊張関係のなかに保たれねばならないのである。差異と不一致のなかにこそわれわれは真に共通のものを見いだせるというのだ。エマソンの言葉を読む者は、そこで語られていることを絶えず自分の言葉で翻訳し続けることを求められる。

エマソンは、哲学を日常生活に連れ戻す思想家である。哲学を生活に連れ戻すことは、実は、難解な思想を身近で解釈しやすい言葉に置き換えることではなく、むしろ、生きることにはらむ混沌や泥沼に足を踏み入れて、よりむずかしいチャレンジングな思考をすることを意味している。したがって、エマソンの語る言葉は、生きることそのものにまつわる葛藤やパラドックス、正解のない問いに満ちている。生きることにおいては、一つの答えのようなものはないからである。

よりよき生を追求するというエマソンの道徳的完成主義は、悪を取り締まるのではなく、よさを解放する思想である、とスタンリー・カベルは述べる。それは、確たる拠りどころや生きる指針に依拠することがいっそう困難になった今日、確実さではなく、むしろ不確実性をあえて引き受ける冒険者、自らの魂の操縦者として、個に軸を置いた生き様を求める。

エマソンは述べる。「人びとは安定を望むものである。けれども安定していない限りにおいて、人には希望がある」。

今日、エマソンがわれわれに教えてくれることは、そうした表面上の安定が幻想であるということ、そして、不確かな人生の真実に向き合うときにこそ、人は自分の足場を揺さぶられつつ思考し、前に進まねばならないということである。

本書において、未來と先生の対話は、あくまでエマソンの言葉を媒介にして間接的な対面形式で進められてゆく。未來は道に迷っているけれど、先生は、その一つひとつの具体的な悩みに対して、何か確たる指針を直接に与えるわけではない。未來もまた、何か「ほんとうの私」なるものをつかんで安心しているわけではなく、むしろ絶えず問い続け揺れている。

道に迷った未來に対して、エマソンはやさしい言葉をかけてはくれない。むしろエマソンも、そして先生も、未來が自分の頭で考え続けるように導き、突き放す。師は、生徒がひとりで立ち上がることができたとき、自らの光に気づくことができたとき、その瞬間に去ってゆく。その意味でふたりのやりとりは、対面的な通常のカウンセリングとは異なり、一歩距離を置いて、もつれた思考の結び目を解いてゆくような哲学対話である。

この哲学対話において、未來のみならず先生も、思考することによって力を得てゆく。ふたりはともに道を模索し、対話を通じて互いに変容していく。

未來が先生との対話の果てに得たものは、彼女自身の変貌《へんぼう》、生きる展望の変化、「内なる光」の発見であったといえよう。

人は考えることを通じて強くなれる――こう呼びかけるエマソンのテクストは、思考を通じて癒しがもたらされるという意味で、セラピーとしての哲学の著である。しかしそれは、自分の過去を振り返って反省する後ろ向きの治癒ではなく、前に向けて、歩を進める行為そのものによって自己救済がなされてゆくような立ちなおりを促すものである。

当初、雲をつかむような状態ではじまった言葉の探り合いが、こうして一冊の本に完成したことについて、木村さんと四本さんとの間に培われてきたエマソン的な友情に感謝する。おふたりからの、地に足のついた真剣で情熱的な問いは、ともすれば宙に浮いてしまいそうなエマソンの言葉、そして私自身の言葉を生きた生活のなかへと連れ戻してくれた。

本書が、エマソンへの関心をかき立て、読者一人ひとりが考えるための思考の入り口になり、そして未來とともに読者もまた、自らの「内なる光」を追求し続けるきっかけとなれば、この上ない喜びである。

参考文献

『エマソン選集1　自然について』ラルフ・ウォルドー・エマソン著、斎藤光訳（日本教文社）
『エマソン選集2　精神について』ラルフ・ウォルドー・エマソン著、入江勇起男訳（日本教文社）
『エマソン選集3　生活について』ラルフ・ウォルドー・エマソン著、小泉一郎訳（日本教文社）
『エマソン選集4　個人と社会』ラルフ・ウォルドー・エマソン著、原島善衛訳（日本教文社）
『エマソン選集5　美について』ラルフ・ウォルドー・エマソン著、斎藤光訳（日本教文社）
『エマソン選集6　代表的人間像』ラルフ・ウォルドー・エマソン著、酒本雅之訳（日本教文社）
『エマソン選集7　たましいの記録』ラルフ・ウォルドー・エマソン著、小泉一郎訳（日本教文社）
『エマソン入門　自然と一つになる哲学』リチャード・ジェルダード編著、澤西康史訳（日本教文社）
『エマソン論文集（上・下）』ラルフ・ウォルドー・エマソン著、酒本雅之訳（岩波文庫）
『〈内なる光〉と教育――プラグマティズムの再構築』齋藤直子著（法政大学出版局）
『［超訳］エマソンの「自己信頼」』ラルフ・ウォルドー・エマソン著、三浦和子訳（PHP研究所）
『エマソン　運命を味方にする人生論』渡部昇一著（致知出版社）
『エマソン　自分を信じ抜く100の言葉』中島輝著（朝日新聞出版）
『エマソンとその時代』市村尚久著（玉川大学出版部）
『考えるとはどういうことか　0歳から100歳までの哲学入門』梶谷真司著（幻冬舎新書）
『マズローの心理学』フランク・ゴーブル著、小口忠彦監訳（産業能率大学出版部）

『超訳　ニーチェの言葉』フリードリヒ・ニーチェ著、白取春彦訳（ディスカヴァー・トゥエンティワン）
『国家（上・下）』プラトン著、藤沢令夫訳（岩波文庫）
『センス・オブ・ウォールデン』スタンリー・カベル著、齋藤直子訳（法政大学出版局）
『自己を超えて――ウィトゲンシュタイン、ハイデガー、レヴィナスと言語の限界』ポール・スタンディッシュ著、齋藤直子訳（法政大学出版局）
『現代思想』第32巻第8号：pp. 128-151.「自らの声で――喪失・出立・再生――カベルによるエマソンの道徳的完成主義」齋藤直子、ポール・スタンディッシュ著（青土社）
Blake, Nigel, Smith, Richard, Smeyers, Paul and Standish, Paul. 2000. *Education in an Age of Nihilism* (London: RoutledgeFalmer).
Cavell, Stanley. 1990. *Conditions Handsome and Unhandsome : The Constitution of Emersonian Perfectionism.* La Salle, IL: Open Court.
Emerson, Ralph Waldo. 2000. *The Essential Writings of Ralph Waldo Emerson,* ed. Brooks Atkinson (New York: The Modern Library).

著者略歴

齋藤直子（さいとう・なおこ）

東京外国語大学外国語学部英米語学科卒、ハーバード大学および東京大学で修士号、コロンビア大学で博士号を取得。現在、京都大学大学院教育学研究科准教授。専門はアメリカ哲学、教育哲学。主要著書は、単著、*The Gleam of Light: Moral Perfectionism and Education in Dewey and Emerson*（2005）、『〈内なる光〉と教育：プラグマティズムの再構築』（2009）、*American Philosophy in Translation*（2019）、共編著（Paul Standish and Naoko Saito, eds）、*Education and the Kyoto School of Philosophy : Pedagogy for Human Transformation*（2012）；*Stanley Cavell and the Education of Grownups*（2012）；*Stanley Cavell and Philosophy as Translation : The Truth is Translated*（2017）、齋藤直子、ポール・スタンディッシュ、今井康雄編『〈翻訳〉のさなかにある社会正義』（2018）、邦訳書、スタンリー・カベル著『センス・オブ・ウォールデン』（2005）、ポール・スタンディッシュ著『自己を超えて：ウィトゲンシュタイン、ハイデガー、レヴィナスと言語の限界』（2012）。

木村博美（きむら・ひろみ）

フリーランスライター。1956年生まれ。OLを経て、新聞や雑誌で放送関係の記事を執筆。34歳でイギリスに遊学後、女性の生き方を中心に科学や宗教、アメリカの貧困問題など興味のあるものは何でも書き、ノンフィクションや対談本、箴言集など書籍も数多く手がける。著書に『生きて、生きて、生きて　愛の極みまで　16人の宣教者＋曽野綾子』。

装丁　萩原弦一郎（256）
DTP　美創

アメリカの偉大なる哲学者エマソンからの伝言
「自分を変える」ということ

2019年10月25日　第1刷発行

著　者　齋藤直子
　　　　木村博美
発行人　見城 徹

発行所　株式会社 幻冬舎
　　　〒151-0051　東京都渋谷区千駄ヶ谷4-9-7

電話　03(5411)6211(編集)
　　　03(5411)6222(営業)
振替　00120-8-767643
印刷・製本所　株式会社 光邦

検印廃止

GENTOSHA

ISBN978-4-344-03527-0　C0095
幻冬舎ホームページアドレス　https://www.gentosha.co.jp/

この本に関するご意見・ご感想をメールでお寄せいただく場合は、
comment@gentosha.co.jpまで。